피아노를 치는 열 개의 바다

만인21세기포엠아트 1

김성춘 시선집
피아노를 치는 열 개의 바다

만인사

시인의 말

 등단 50주년이라는 세월이 믿기지 않고, 그 동안 아무런 문학적 노력의 결실도 없이 시에 헛발짓만 한 것 같아 솔직히 부끄러움 뿐입니다.
 첫 시집 『방어진 시편』부터 14번째 시집 『길 위의 피아노』까지 시원찮은 이삭들을 겨우 주워서 선집에다 『피아노를 치는 열 개의 바다』라고 이름표는 달았지만, 그 많은 세월 동안 시에 외곬로 정진하지 못했다는 뒤늦은 자책감에 마음이 무겁습니다.

 그동안의 졸작들을 다시 읽어보니, 바다도 잘 모르면서 웬 바다를 그렇게 많이 노래했는지 바다에게 민망합니다. 그것은 아마 내 소년기에 만났던 부산의 바다와 젊은 시절 내가 울산 방어진에서 만났던 일상 속의 바다 체험들과 무관하지 않은 것 같습니다.
 바다는 삶입니다. 바다는 언제 만나도 장엄했고 가깝고도 먼 심연의 얼굴이었습니다. 그리고 바다는 모든 것을 말하면서도 아무것도 말하지 않는 비의의 얼굴이었습니다. 나는 지금도 生을 잘 모르듯, 바다와 시를 잘 모릅니다.

 험난한 세파 속에서도 나를 시와 인생의 길로 이끌어주신 큰 스승

목월 선생님, 박남수 선생님, 김종길 선생님을 만났다는 것은 내 삶의 축복이고 큰 행운이었습니다. 그리고 시와 함께 평생을 문학적 향취 속에 동고동락했다는 사실도 내겐 기적 같은 삶의 연속이었습니다.

책을 내는데 편집부터 교정까지 꼼꼼하게 도와주신 畏友 박진형 시인, 아름다운 울산 정자 바닷가에서 좋은 시를 쓰며, 훌륭한 발문까지 써주신 권주열 시인께도 깊은 감사와 존경의 마음을 전합니다.

또한 저와 함께 이번 시선집을 기뻐해 줄 사랑하는 나의 가족들에게도 고마운 마음 한량없습니다. 동화작가인 내 짝지 강순아, 비올리스트 아들 지훈, 화가 며느리 허현, 그리고 독일 쾰른 음악대학 피아노 영재반의 손녀 온유와 함께 이 선집 출간의 기쁨을 함께 나누고 싶습니다.

끝으로 저승에 계신 어머님과 내 시의 영원한 벗, 오규원 시인께 이 보잘것 없는 시집을 바칩니다.

2024년 7월
경주 玄谷에서 김성춘

차 례

시인의 말 ——————— 4

1. 방어진 시편

바하를 들으며 ——————— 19
방어진 안개 ——————— 20
바다가 마을 가까이 ——————— 22
바다가 괜히 ——————— 23
방어진 바다·1 ——————— 24
방어진 바다·2 ——————— 26
국립경주박물관의 목 떨어진 불상 ——————— 28
절필일기絶筆日記 ——————— 30
풀잎제 ——————— 32
김종삼 생각·1 ——————— 34
김종삼 생각·2 ——————— 35
섬. 비망록·11 ——————— 36
섬·비망록·14 ——————— 37
첼로·1 ——————— 38
첼로·2 ——————— 39
소나타·2 ——————— 40
생生, 혹은 껌벅 껌벅하는 ——————— 41

차 례

바다연습 —————————— 42
오월, 그 들판에 쓸리던 엉겅퀴꽃 ————————— 44
아구나무꽃 ———————— 46
수평선·1 ————————— 47
파도 앞에서·1 ———————— 48
즉흥환상곡·1 ———————— 50
새에 관한 단상·1 ——————— 51
새에 관한 단상·3 ——————— 52
새에 관한 단상·4 ——————— 53
제비, 혹은 성聖가족 ——————— 54

2. 방어진 가는 길

새벽 바다 ———————— 57
새벽 5시 03분의 바다 ——————— 58
바다가 나에게 ———————— 59
방어진 가는 길·1 ——————— 60
겨울 점경點景 ———————— 62
수평선과 나 ———————— 64
수평선·3 ————————— 66

차 례

수평선·4 —————— 67
바다 애인 —————— 68
바다 앞에서 —————— 70
방어진 일기 —————— 71
바다와의 동행同行 —————— 72
첼리비다케의 바다 —————— 73
자경시편自警詩篇·1 —————— 74
바다·4 —————— 75
동화童話 —————— 76
바다 —————— 77
해변의 시·1 —————— 78
간절곶 등대에서 —————— 79
노래·3 —————— 80

3. 달과 아버지

비밀·1 —————— 83
이슬·3 —————— 84
달을 듣다·4 —————— 85
경주 왕릉 앞에서 —————— 86

차 례

달과 아버지 ──────── 88
달을 듣다·5 ──────── 89
감·2 ──────── 90
심연深淵 ──────── 91
말매미가 울었다 ──────── 92
초여름날 ──────── 93
푸른 늪 ──────── 94
눈물 ──────── 95
말러를 듣다 ──────── 96
윤이상 ──────── 97
키리에 에레이송·1 ──────── 98
절벽 위의 성당 ──────── 99
지상의 시간·4 ──────── 100
제야除夜 ──────── 101
낙화 ──────── 102
비올라 ──────── 103
해뜰 무렵·2 ──────── 104

차 례

4. 물소리 천사

천사 ──────── 107
물소리 천사 ──────── 108
골목집 ──────── 110
뻐꾸기 ──────── 111
틈 ──────── 112
3월 ──────── 113
짧아지는 나의 시 ──────── 114
나비 관음 ──────── 116
고선사 탑 ──────── 118
남천 물소리 ──────── 119
불국사엔 고래가 산다 ──────── 120
뙤약볕 ──────── 124
달, 소스라치다 ──────── 126
어떤 꽃나무 ──────── 128
엄지발톱길 ──────── 130
귀밑 사마귀 ──────── 131
별의 탄생 ──────── 132
귀뚜리와 눈물 ──────── 134

차 례

2009년 오월 어느날 ──────── 136
울렁간 성당에서 ──────── 138
시커먼 입 ──────── 140
은빛 변기 ──────── 141
물소 떼, 드라마 ──────── 142
구름의 행방 ──────── 143
미카엘 K 신부께 ──────── 144
노을의 무게 ──────── 145
맨발 천사 ──────── 146
인상印象 ──────── 148

5. 온유

온유溫柔 ──────── 151
1막 3장 ──────── 152
새의 발바닥 ──────── 154
분홍 꽃신 ──────── 155
천국보다 낯선·4 ──────── 156
메모·2 ──────── 157

차 례

뼈 ──────── 158
황홀한 면회 ──────── 159
목련 ──────── 160
경주시편·1 ──────── 162
경주 시편·2 ──────── 163
귀로에서 ──────── 164
사각형의 어둠 ──────── 165
작명作名 ──────── 166
계림의 늙은 회화나무와 나 ──────── 168
깊고 푸른 경주 ──────── 170
황홀한 테크닉 ──────── 171
책 ──────── 172
메모·1 ──────── 173
시詩, 또는 강물 소리 ──────── 174
시가 빈 배 쪽으로 나를 초대했다 ──────── 176
근하신년 ──────── 178
그 산은 아름다웠다 ──────── 180
김 아우구스티노의 영결 미사에 가서 ──────── 182
희미한 물소리 ──────── 184
치과에서 ──────── 186

차 례

오, 마이 갓 —————— 188
바다가 네!라고 대답했다 —————— 189
산의 어록 —————— 190
메기의 추억 —————— 192
소주 한 병 —————— 194
쇼스타코비치 제8번 듣는 밤 —————— 196
일 포스티노의 밤 —————— 198
첫사랑·1 —————— 200

6. 길 위의 피아노

즐겨라, 저 봄비 —————— 203
길 위의 피아노 —————— 204
아침의 조문弔問 —————— 206
여백 —————— 208
늙은 두루마리 화장지의 고백 —————— 210
가을 볕·2 —————— 211
봉래산蓬萊山 —————— 212
봄날 —————— 213
오규원의 편지·1 —————— 214

차 례

바람의 답안지 ──────── 216
슬픔을 팔아 ──────── 218
법문 ──────── 220
어떤 기도 ──────── 222
시를 왜 쓰는가 ──────── 223
신의 한 수 ──────── 224
청우聽雨 ──────── 226
이승훈의 절명시絶命詩 ──────── 228
한 사람 ──────── 230
풀꽃 하나에 대한 소소한 생각 ──────── 232
요즘도 ──────── 234
실감 ──────── 236
봉쇄수도원 ──────── 238
생, 이대로 굉장하다 ──────── 240
슈크란 바바 ──────── 241
오늘 ──────── 242
손열음이 말했다 ──────── 244
까르페 디엠 ──────── 246
경주 대릉원에서·2 ──────── 247

차 례

7. 들오리 기차

희망의 정석 —————— 251
꽃의 뒤 —————— 252
잘 못 쓴 주소 —————— 254
들오리 기차 —————— 256
연옥煉獄, 봄 —————— 258
나비와 이슬 —————— 260
2월 —————— 262
홀로 있는 청개구리가 아름답다 —————— 263
비밀·2 —————— 264
하이고! —————— 266
막달레나 아바카노비츠에게 —————— 268
말의 내면 —————— 269
콜 니드라이 —————— 270
달의 뒷면 —————— 272
금동반가사유상 —————— 274
거미 —————— 276
봄날 —————— 278
마이클 잭슨의 거미 —————— 279

차 례

연미사에 갔더니 ──────── 280
가랑비, 경주, 천관녀 ──────── 281

| 작품론 |
존재의 연안沿岸에 닿는 슬픔들/ 권주열 ──────── 283
자전 연보 ──────── 298

1
방어진 시편

바하를 들으며

안경알을 닦으며 바하를 듣는다.
나무들의 귀가 겨울쪽으로 굽어 있다.
우리들의 슬픔이 닿지 않는 곳
하늘의 빈터에서 눈이 내린다.
눈은 내리어 죽은 가지마다
촛불을 달고 있다.
성聖 마태 수난곡의 일악구一樂句.
만리 밖에서 종소리가 일어선다.
나무들의 귀가 가라앉는다.
금세기今世紀의 평화처럼 눈은 내려서
나무들의 귀를 적시고
이웃집 그대의 쉰 목소리도 적신다.
불빛 사이로
단화음이 잠들고
누군가 죽어서
지하 층계를 내려가고 있다.

방어진 안개

안개는 흘러서 어디로 가나?
안개는 죽어서 어디로 가나?
요사이는 참 춥고 피곤해
밤 늦게 혼자 강을 건너고

안개는 바다에서 온다.
물새들의 외침소리를 지나서
늙은 파도와 파도를 건너서
마음에 들지않는 도시의, 가난한
풀섶을 적시고
다시 혼자 젖어서
몇 마리 소시민小市民의 마른 고통을 덮는다.

몇 채의 무덤도 풍경이 되는
풍경들은 안개에 젖어
바다가 보이지 않는다.
오늘의 흐린 살속에 진실 한 올 보이지 않고
풍경은 답답하다.

집도 꿈도 답답하다.

요사이는 참 춥고 피곤해
밤 늦게 혼자 강을 건너고,
황혼보다 더 느리게
시계소리보다 더 느리게
꺼지는 잡풀들, 저 바다 안개.

바다가 마을 가까이

1
바다가 마을 가까이
풀밭까지 와 있다.
물빛 파르스름한 음악音樂이 들리고
햇살 하나가
죽은듯이 풀잎 속에 엎어져 있다.
바다를 흔들어 주면
마을 근처에서 살고 있던 풀꽃처럼
일제히 방울소리를 낸다.

2
밤이면 바다는
은파 몇 소절을 데리고 마을 근처로 내려온다.
풀밭 가까이 바다가
노래미 새끼만한 어둠을 끼고
싱싱한 풀내음을 풍긴다.
바다의 살 끝에서
아이 몇몇이 동요를 부르면서
환각의 방울을 흔들어댄다.

바다가 괜히

바다가 괜히 출렁이는 게 아닙니다.
갯바람이 괜히 부는 게 아닙니다.
물 속의 고기들이
서로 잘 놀고,
잘 사랑하라고 그럽니다.

생각해보면
꽃도 괜히 피는 게 아닙니다.
새도 괜히 우는 게 아닙니다.
그대와 내가 즐겁게 숨쉬고
즐겁게 즐겁게
사랑하라고 그럽니다.

바다가 괜히
새가 괜히
꽃이 괜히 피고 있는 게 아닙니다.
또 새벽도 괜히
수줍은 신부의 두근거리는 발걸음으로
오는 게 아닙니다.

밪어진 바다·1

노래미, 감숭어, 잡어雜魚들이
물어뜯어 놓은 바다.
어두워지고 있다.
물새 울음에 끌려 수평선의 끈이 풀어진다.

꽃게 몇 마리
모래집 속으로 발구락 옹크리며 지워진다.

어둠쪽에서
어둠으로 몰려있는 물새들,
죄가 없으므로 조그맣게 무죄를 끼룩거리는
집없는 물새들,
오늘은 인간의 목소리처럼 따뜻하다.

이제 남은 것은
내 혈관을 물어뜯는 파도소리와
바다의 알몸을 점검하는
써치 라이트,

그 불빛에 들켜 떨고있는 바다뿐.

온밤
노어부老漁夫의 기침소리가
바다를 흔들어 깨우고 있다.

방어진 바다 · 2

내가 찾아 갈 때마다
내 눈을 찌르는
흑도미, 망성어, 쥐치들이
씹다 버린 바다.

사람들은 날마다
바다에 투신하지만
바다의 알몸은 보이지 않는다.

내가 살아온 만큼
오늘의 수심水深은 깊어지고
깊어진 만큼, 더 암담한 물빛이지만

흑도미는 흑도미
인간은 물고기가 아니다.
보아라, 은린銀鱗을 번쩍이며
물소리로 뛰어가는 시간,
아무도 만지지 않은 바다를 만나고 싶다.

오,
내일 또 꺾어야 할 나의 방어진
나는 너를 버리지 않겠다.

국립경주박물관의 목 떨어진 불상

꽃잎 몇 장,
개똥처럼 부숴져 있다.
신비가 엎드린 뜰에
쓸쓸해하는 하늘의 문門 밖으로
코 깨진 바람 몇이 뛰어간다.

요사이 내 절망의 구도,
며칠째 코도, 꿈도 보이지 않아요.
경주에도, 울산 방어진에도
코 깨진 사랑, 목 떨어진 그리움만 뒹굴고
이젠 가슴으로만 살아요.

모가지도, 슬픔도 베어 버리고
불편한 사랑도 아주 베어 버리고
가슴에 타는 꽃잎 한 장
이젠 가슴으로만 살아요.
슬픔도 오늘은 꽃이에요.

쓸쓸해 하는 하늘의 문 밖으로
동박새 한 마리 반짝이고
세상은
불타는 바람 한 장으로 부서지면서
가고 있다.

절필일기 絶筆日記

어머님이 보고 싶은 날
영혼만이 외로운 새가 되어 울고 있는
어머님의 절필일기를 펴 본다.

"오날은셔달열사현날인대바람도만이불고
구룸도끼여서날이찹았다저녁에우리츈이……"

행간에서 나를 부르는 카랑카랑한 목소리.
흰 고무신짝 소리, 누런 잇똥, 생염불 生念佛, 주름살보다 깊은 고독
　철자법이 개발새발 엉망인
　어머님 생의 이런 항목들이
　나를 행복하게 만들기도 하고
　내 슬픔의 목록이 되기도 하면서
　어머님 생의 구문 構文들이
　이승의 어떤 햇빛보다 눈부시게
　전신에 밀물져 온다.

오오, 어머님
우리 어머님

늦가을 햇빛보다 더 눈부신 당신의 구문構文 사이로
어디쯤 달려가면
카랑카랑한 큰 산빛 목소리
다시 만날 수 있을까요?

풀잎제

죽음은,
당신의 젖은 눈시울 위로
생生의 가장 슬픈 노을이 되어
황급히 쓸리고 있었다.

기쁨보다 슬픔이 더 커서
눈물마냥 타오르던 생애
불쌍한 어머니
마지막 당신이 토해내던 불볕 숨결,
오, 한 세상
갈잎 하나로 쏠리어 가던 임종의 발소리

(어머니,
당신의 지순하던 눈과 입술, 그리고 아름다운 심장을
누가 꽝꽝 안개로 봉해 버렸나요?
왜 말 없이
고개를 은하수쪽으로 꺾으셨나요?)

어머니라고 불러보는 오늘의 들판에서
생전의 당신 아픈 손끝의
들깻잎 냄새,
가슴을 왈칵 물어뜯습니다.

김종삼 생각·1
―세자르 프랑크의 섬

뒷골목 빈대떡집, 동네 구멍가게 어디선가
많이 본 듯한.
부라보콘도 씹으며 선량하게 웃던
형님 같은.

어슬렁어슬렁

소주 한 병 속주머니에 찔러넣고
시외버스에 흔들리며 가듯
그가 부재중인 지상은 잠시 적막하다.

그리운
라산스카.

멀고 먼, 세자르 프랑크의 섬.

김종삼 생각·2

꽃 피고 눈 오는 시절,
그대가 선, 배경에 세상에 처음 보는 새 한 마리
울고 있다.

가끔 낡은 시골성당 종소리
함께 서 있다.

오늘도 광막한 바다가 계속되고.

꽃 피고 눈오는 시절,
나는 잎핀 나무들에게 물을 주며,
그대의 푸른 종소리
다시 듣는다.

상처투성이 삶에
불 밝힌.

섬. 비망록·11
—화가 M씨 유작전

장례식은 하지 말 것.
슬픔도 일체 사절함.

유작전은 반드시 섬에서 할 것.

마지막 떠날 때까지

그리다 만 그림 몇 점.
푸른 갈매기가 되어

마시다 만 소주 반병과 함께
홀로 빛나고 있음.

지상에,

섬·비망록·14
―카프카에게

밤늦게 카프카를 읽는다.
보이지 않는 아득한 갈증으로
정신은 거지가 되어.

안개 속의 창밖은, 꽃들이 그냥 싱싱한 봄밤을 껴안고 있다.

살아 있는 꽃은 우주의 중량.
꽃보다 확실하게 다가오는 우리들의 고통.
안개 속 우리들의 고통.
어느날 안개는 느닷없이 우리를 무찌를 것이다.

시한폭탄 같은 게릴라처럼.

첼로·1

나이 40줄에 들어서서도 늘 대책없이 떠돌고, 후회하고, 잘 망가지는

한 사내를 위한,

마음의 선이 헐렁한 악기,
삼류 극장 같이 인간적인,

숨쉬는.

첼로·2

열탕처럼 끓어오르는,

내 꼬마의
이마를 덮고,

아, 비로소
나는 인생을 느낀다.

망가질 대로 망가진.
그러나 지금도
희망 속에 숨쉬는.

소나타·2
―파도소리

여름이 와서
그 문門을 열었을 때
왈칵,
팔뚝 안에 발작發作하는 바다.
심란心亂하다.
나는 한 컵의 물을 마시고
조명이 꺼진 포구를 만난다.

꿈속에서, 딱 한 번
먼 수평선과 내가
일직선으로 그어지고
밤새 나는
물새소리를 흉내내고 있었다.

아침에
흘깃 본
항구의 얼굴은
지저분했다.

생生, 혹은 껌벅 껌벅하는

두 눈을 껌벅 껌벅하는 소를 본다.
두 눈을 껌벅 껌벅하며 공부하는 아이들을 본다.
자세히 보면
시간도
바다도
살아있는 모든 것은
껌벅 껌벅 생동하는 눈을 가졌다.
그렇다.
생생한 눈방울 속에
삶과 사랑과 시詩가 숨쉬고 있다!

살아서 두 눈 껌벅이는
그 生의 싱그러운 풀밭 위에
마음껏 나를 방목해야 한다.
오늘도 나의 시여.

바다연습
―지훈至薰에게

무지개빛 색종이 한 묶음
바다빛 풀 한 통,
그리고 오늘을 오려붙이고 무지개를 짜를
신나는 파도의 칼 한 개.

이것은,
무지개 나라에서 무지개 사닥다리를 오르고 있는
친애하는 나의 바다
너의 오늘 소도구小道具, 너의 주제主題는
무지개 만들기, 또는
바다 연습!

그 곁에, 사랑하는 나의 아가야
뒤죽박죽, 우거지 잡탕 고뇌 몇 묶음
털어도 털어도 따라오는 바다 안개와
난파당한 생애 한 통.
옆구리에 끼고
기적 같은 하루를 사랑하며 걸어가는

아가야, 친애하는 나의 바다야
이것은, 난파당한 아빠의
우거지 잡탕. 오늘의 주제主題
바다 만들기, 또는
다시 바다 연습!

오월, 그 들판에 쓸리던 엉겅퀴꽃

햇빛이 아카시아 꽃잎보다 투명 한
오월,
그 눈부신 허허벌판의 일대一帶가 되어
소설가가 갑자기 떠나고
맏 喪主는 울음을 죽였다.

불꺼진
개펄, 등을 꼬부린 안개
안개 속에 생生의 닻을 내린 범선
망가져 있다. 바다쪽으로 고개를 꺾은 채

창 밖은 오월이
산철쭉보다 달콤한 고통의 오월이
옷벗은 모란
질경이, 패랭이 풀들이 맨발로 와 흔들리고

천국의 문 안쪽에
누군가 안개로 팡팡 못질하는 소리가 들리고

소설가의 관棺은 관만한 슬픔만 이끌고 갔다.

소설가가 업業으로 키우던
원고지만한 들판,
원고지만한 하늘의 새소리 몇 묶음이
허구처럼 반짝이다
관을 따라 길을 끌고 길 밖으로 나갔다.

엉겅퀴꽃 하나
애터지게 흔들리다
황홀히 떨어져 죽는 오월.

아구나무꽃

어쩌다가 잘못 지은 죄 때문에
깜깜하게 닫힌 겨울, 그 고통의 골짜기에서
자식새끼 그리워하던 못난 애비가
봄의 특별사면으로
봄의 특별사면으로,
이제 그 고통의 겨울 골짜기를 빠져나와
4월의 철문을 달려나와서
이 산 저 산, 가장 빠르게
노오란, 감격의 눈을 뜨고,
내가 돌아왔다고, 가엾은 넋이 돌아왔다고
─그동안 어떻게 살아 있었냐고
다신 헤어지지 말자고.

사무치게 그리웠던 자식새끼들의 어깨를 부둥켜안고
화─안한 웃음 터뜨리는

오, 선량한
봄의 산꽃이여!

수평선·1

그녀가 떠나면서 마지막으로 내게 준
딱 한 줄의 편지.
수평선은
칼이었다.

사무치는 그리움을 안으로 삼킨
푸르게 휜.

딱 한 줄의
칼.

―잘 있어, 오늘 나는 나의 섬을 찾아 다시 항해하기로 했어.
  부디 안녕.

파도 앞에서·1

밤바다에 서면
물새들의 울음이 귀에 잘 젖는다.

밤의 일부가 되어 웅크린 물새떼들의
날개 터는 소리도 잘 들린다.

세상은,
팔짱을 낀 채 한 발짝도 물러서지 않고
발 아래 살아 있는 건
갯내음 껴안고 뒤척이는 파도와
소금기 끈끈한 우리들의 사랑뿐.

바다의,

자정子正쯤,

한 줄기 달빛이 섬광처럼 쏟아질 때
전라全裸로 황홀하게 타오르는, 아아,

심야의 물보라.

즉흥환상곡·1

안경을 낀 나무들이
사지四肢를 버둥거리며
반라半裸의 달빛을 꺼내어 찢고 있다.

새들이
현란한 빛으로 폭동을 일으키며
눈 내리는 마을을 탈출하고 있다.

나무들이 나무들의 가슴으로 젖어 있는
신의 뜨락에
새파란 눈썹을 그린 선율 하나가
혼령의 물살로 비껴 흐르고 있다.

나는 조금씩
내 영혼에
불을 지른다.

새에 관한 단상·1

새는 절망을 모른다.
신神이 준 날개가 있기 때문이다.
새는 눈물을 흘리지 않는다.

그러나, 마음이 슬픈 날
새는
천국天國보다 더 높이 나르며
흐리게 운다.

새에 관한 단상·3

새를 사랑한 작곡가는 그의 얼굴도 어느 새
새가 되어 있었다.

그의 푸른 날개 쭉지마다
물방울보다 더 투명한 음부音符들이 바다처럼 출렁거리고
그가 기르는 뜰의 나무 잎새마다
신의 육성 같은 금빛이 찬란했다.

하느님보다 새를 더 사랑하다
새가 된 사내.

메시앙.

새에 관한 단상 · 4

꿈꾸지 않는 새는 새가 아니다.

내가 들판의 새장을 열었을 때
새는
휘딱, 고통처럼 치솟았다.

꿈꾸는 새의 꿈꾸는 사랑.
그 순은빛 사랑을 위해
오늘도 나는
들판의 새장을 모두 열어 놓는다.

제비, 혹은 성聖가족

울산시 신정동 1651-23, 광막한 도시의 허공 한 구석에
마른 지푸라기와 흙으로 만든, 성냥곽만한 집 한 채 떠있다.

피곤한 날개죽지 포개고 잠드는 작은 방 하나

하늘에 매달린 성냥곽만한 집 한 채.

죄 없는,

작은 불빛 하나가,

월평성당 베네딕따 수녀님 생각도 나고
헨델의 메시아 몇 귀절도 생각나고.

2
방어진 가는 길

새벽 바다

새벽이 내 몸 속에
절을 하나 짓는다.

새롭게 태어나는 신의 저 황금빛 알
새벽엔 내가 움직이는 절이다.
눈이 굵다란 갈매기 한 마리 어깨를 툭 친다.
깨어있지 않으면 새벽은 암벽이다.
새벽에는 내 피도 뜨거워진다.

새벽은 물빛 나의 경전
바다 속의 또 다른 바다에게 나는 경배한다.

새벽이 내 몸 속에
절을 하나 짓는다.

새벽 5시 03분의 바다
―울기등대숲 일기·7

새벽 5시 03분의 바다.
등탑으로 오르는 길 옆 소나무 숲이 아직 어둑하다.
코니카 쌍안경으로 새벽바다를 본다.
쌍안경에 잡히는
동해 남실바람의 발목이 맨발이다.
수평선쪽으로 몰린 구름떼의 두 눈이 점점 충혈되고 있다.
갑자기 바다가 코피를 쏟는다.
(빛의 폭포!
오, 들킨 새벽바다의 신비여)

새벽 5시 03분의 바다.
먼 태평양 쪽에서 구불구불한 길을
흰갈퀴 휘날리며 파도가 달려오고
구불구불한 바다 길 위로
이제 막 눈 비빈 물새들
장엄한 새벽바다 물고
휘적휘적, 맨발로 오고 있다.

바다가 나에게

> 그대 정녕 지구의 나이를 알고 싶다면
> 폭풍이 휘몰아치는 바다의 얼굴을 보라
> —조셉 콘라드의 「바다의 거울」에서

바다가 나에게 물었다.
당신은 바다를 얼마나 알고 있는가
당신은 바다를 얼마나 사랑했는가

아무도 죽음을 경험하지 않고는 건너갈 수 없는 저 심연.
누구도 한 순간도 고삐를 놓칠 수 없는 저 생의 얼굴.

바다가 나에게 물었다.
갈매기도 나에게 물었다.
몽돌도 나에게 물었다.

당신은 당신의 바다를 얼마나 알고 있는가.
당신은 당신의 바다를 얼마나 사랑했는가.

방어진 가는 길·1

방어진은
종점.

바다 때문에
더 가야 할 곳도
더 기댈 곳도 없는

방어진에는
이제 막 도착하는
익명의 갈매기 몇 마리, 눅눅한
갯바람
뱃고동 낡은 소리들,
방파제 끝에서 서성거리고

방어진은
종점.
오늘도 까마득히 어디론가 사라지는
비린내 풀리는 바다 안개 속,

막배가
끊어진다.

오, 더 가야 할 곳도
더 기댈 곳도 없는
비린내 풀리는 바다 안개 속에
깨진 플라스틱병, 넝마조각도 함께 뒹구는.

겨울 점경點景

울산시 전하동
골리앗 클래인 어깨뼈에
뜯긴 구름장 몇, 붙어있다.
구름장 사이로 오늘도 붉은 풍선 같은 달 떠오르고
견고한 산같은 밤,
파도처럼 밀려와 울산시 전하동
빈 들판 위에 우뚝 얼어 붙어있다.

가까이 울기등대숲 부근
앙상한, 밤갈매기 울음
날카롭게 허공에 박히고

붉은 풍선같은 달이
툴툴거리는 발동선 한 척 데불고
장생포 앞바다로 가고 있다.

울산시 전하동
신의 침묵같은

골리앗 클레인 어깨뼈에
뜯긴 구름장 몇,
우뚝 얼어 붙어있다.

수평선과 나
—울기등대숲 일기·8

아이들과 노래씨름하다.
머리도 식힐겸 사무실 앞바다, 벤치에 앉는다.
좌선하듯 멍하니 수평선을 끌어당긴다.
수평선도 슬그머니 가부좌 틀고 내 곁에 와 앉는다.

우리는 서로 하나의 물상이 되어
나는 수평선을 낳고
수평선은 나를 낳는다.

그래 그래,
수평선과 나는 정든 친구가 된다.
갈매기 한 놈이
내 머리 위에 흰똥을 찍— 갈기고 도망간다.
(엑기, 고얀놈 그래 너도 내 친구)
노송 가지 위 까치 한 놈이 재밌다고
깍, 깍, 깎, 손뼉을 친다.

남실바람 잔잔,

가부좌 튼 수평선 잔잔, 그러나
엉터리 좌선하는 내 마음만 꾸불퉁!

수평선·3

바보야, 바보야

가슴을 탁 치는 시도 쓰지 못하고
가슴에 녹아드는 사랑 하나 하지 못하고

그냥 멍청히 하늘을 깔고 앉아
흘러가는 비늘구름이나 바라보면서
푸르른 몸매
그냥 번쩍이며 흘러가는 바다.

바보야, 바보야

가슴을 탁 치는 시를 쓰지 못하면
시를 폐업할 일이지
그 알량한 허명 때문에
그 부질없는 욕망 때문에
불쌍하게,
용맹도 없이,

수평선 · 4

삶이 답답할 때 꺼내보라고
신이 놓아둔
흑요석黑曜石 눈매 하나.

아, 저토록
펄펄 살아 숨쉬는 시를,
언제 캘 수 있을까?

가을 들판에
허연 억새처럼 오늘도 밀려오는
생의 찬란한 보석.

서 있다.

바다 애인

너의 눈썹에
젊은 수평선 떠 있다.

너를 찾는 새벽 숲길은 푸르고
그 푸른 힘은 나를 밀고 가지만, 너는
일단정지의
선 밖으로 나를 세워 놓는다.

먼 발치에서 너를 만난다.
갈매기들 물방울처럼 하늘 밖으로 파도타기를 하고
아득한 거리 저쯤에서
달려오는 현란한 너의 몸짓,
그것은 하나의 꽃이다.

그러나 나는 오늘도 너의 푸른 섬에 닿지 못하고
일단정지의 거리 이쯤에서
발목만 조금 적신 채
너와 작별한다.

아직도 아득한 그 자리에서
은모래처럼 반짝이며
날마다 나를 재충전시키는
오 황홀한 너의 눈빛!

바다 앞에서

녹차를 한 잔 끓이며 바다를 본다
녹차 한 잔 속에
바다가 끓고 있다.
봄비 속에 수평선이 녹고 있다.
수평선을 보며
오늘 먼 항해를 생각한다.
끝없이 이어지는 고통 혹은
먼 그리움.
가도가도 끝도 없는
황량한 도시 구석에서 내 노동의
발바닥은 아프다.
책상 위에는 먼지처럼 쌓이는 책들.
속수무책으로 흐르는 바다.
무엇인가, 삶을 껴안는 일이란.

봄비 속에
녹차를 끓이며 바다를 본다.
녹차 속에 바다가 끓는다.
온 화엄세상이 들끓는다.

방어진 일기

바다는 오늘도 잠들지 않는다.

바다안개가 두루마리 화장지를 풀고 있다.

이정표도 없이 가고 있는
흰 와이샤스 걸친 갈매기,
낯선 수도승이다.

녹차를 마시며 바다의 행간을 읽는다.

허리가 뻐근하다. 냉장고에 캔맥주를
꺼내 마신다. 이정표도 없는
흰 와이샤스 걸친 갈매기 두 마리
수평선을 깔고 앉아 녹차를 마신다.

바다는 오늘도 잠들지 않는다.

바다와의 동행同行

그와 나는 참 막역한 사이다.
좀 과장해서 관포지교는 못되고 죽마고우는 된다.
서로 멀리 떨어져 자주 만나지는 못해도
우린 만날 때마다 뜨거운 포옹을 나눈다.
오늘도 방어진 솔숲 사이에서 그를 만났을 때
그는 중얼거리고 있었다.

―옴 아모카 바이로 차나마하
　무르라마니 파드마 트바다
　프라하를 타야훔 프라바를타야훔.

모든 것은 잘 될 것이다 친구여
상심 말라 파도와 파도 사이로
세상의 끝이 바로 시작이다.
슬픔의 끝이 기쁨이다 상심 말라
상처가 아무리 지울 수 없을지라도
세상은 지금이 바로 향기로운 꽃이다.
파도와 파도 사이로
내 막역한 친구여.

첼리비다케의 바다

오늘은 종일 첼리비다케* 지휘의 브룩크너 교향곡을 듣는다.
오선지 위로 푸른 피가 뚝뚝 번지고, 수평선 끝에서 처음보는 꽃송이들
뭉게뭉게 번진다.
처음 보는 갈매기들 소풍나온 듯 해안을 어슬렁거리다 사라지고
갈매기 눈알에 수평선이 길게 휘어져 있다.
장엄한 아침바다 몇 악장과 폭설에 덮인 산맥도
잠시 번지다 뚝 그친다.
오늘도 흰구름 몇 악장과 초록바람과 함께 어슬렁거리는
첼리비다케의 바다

음악회가 끝나고 집으로 돌아가는 사람들의 겨드랑이에
처음 보는 낯선 바다 장엄하게 출렁이고 있다.

* 독일 뮌헨 필의 전설적인 지휘자.

자경시편自警詩篇·1
―바다

저기 꿈틀대는 욕망의 푸른 근육질들 좀 봐
꺼질줄 모르는 시간의 푸른 잎사귀들 좀 봐

바다는 바다끼리
이쪽 바다는 저쪽 바다를 용서 못하고
저쪽 바다는 이쪽 바다를 용서 못하고

세상은 몽유도원 눈부시게 요란한데

이쪽 갈매기가 저쪽 갈매기에게 돌을 던지고
저쪽 바다가 이쪽 바다에게 돌을 던진다

바다야,
너는 진정 얼마나 사랑할 줄 아느냐
얼마나 용서할 줄 아느냐

바다 · 4
―허만하許萬夏 시인께

내 구멍가게같은 바다 시집을 받고
허만하 시인께서
라스카 슐러의 바다를 보냈다.

―나의 눈 뒤에는 바다가 있다.
　그것을 모두 나는 울어버리지 않으면 안된다.

그렇다, 라스카 슐러 그대
언제였던가
강동에서 대왕암 가는 동해안 어디쯤이던가, 아니면
제주 서귀포 바다 근처
일몰의 노천 까페 부근 어디쯤이던가 얼핏 본 듯한
얼핏 본 듯한 그 얼굴

살아온 수심水深만큼 아주 깊고 넉넉한.

동화 童話
─아홉살 바다

바다는 납작해요.
수평선도 납작해요.
바닷가 판잣집도 납작해요.

납작한 우리동네
간판에도 바다가 출렁거려요
오늘 내가 헤엄쳐갈 바다.
피아노바다 태권도바다 영어바다
그리고 바다 또 바다…
바다가 너무 많아 바다가 보이지 않아요.

선생니임!
아홉 살짜리 바다가 묻는다.

갈매기도 없고
뱃고동도 없고
파도소리도 없는

요즈음의 아홉살 바다, 왜 이래 무겁죠?

바다
—장욱진 화백·1

이빨도 다 빠진 노화가의 바다
나이를 물으면
—일곱살!
햇빛 공양 바람공양 잘 받은
일곱살 심플한 바다.
심플한 바다가 더 깊다.

살아있는 것들은 모두
스스로 제 운명을 사랑하며 흐른다.

오래 걷다 보면
단순함이 보석이 된다.

햇빛 공양 바람 공양 잘 받은
저 심플한 바다!

출렁출렁 우주가 화안하다.

해변의 시 · 1

한 여자가 울고 있다.
바닷가에 앉아 얼굴을 묻은 채
물새들도 일찍 집으로 돌아간
저문날 해변에
한 여자의 울음소리가 피아니시모로
해변을 물들인다.
먼 발치에서 파도가
한 여자의 울음을 감싸주고 있다.
흰 포말의 손길로
저문 날 해변에 한 여자가 울고
파도는 그러나 울지 않는다.
혼자 무너지고
혼자 절망할지라도
파도는,
파도는, 울지 않는다.

간절곶 등대에서

젊은 서생바다는 보약이다.

살아가면서
간절한 사랑 하나 없이 산다면
간절한 그리움 하나 없이 산다면
그 생은 무엇인가
그 바다는 무엇인가
간절곶에서 간절한 사랑 하나 떠올리며
수평선에 전화를 건다.

노래·3

개구리 울음이 논두렁까지 나와 반짝인다
쇼팽의 야곡夜曲 몇 귀절.
금빛이다.
성당의 파이프 올간이
자정미사를 올리고 있다.
개구리 울음이 개구리 울음이 된 밤을 끌고
들판에서 함께 반짝인다.
젖은 밤이 젖은 소리를 부르고 있다.

3
달과 아버지

비밀·1

너는 청자빛 추억의 상자다
너는 봄날 복숭아꽃 나무 아래 떠 있는 아득한 섬이다
너는 물푸레나무 숲길에서 만난 물푸레빛 옹달샘이다
너는 내 호주머니 속 아직도 짤랑대는 가랑잎 소리다
너는 12월의 변두리 그 골목 입구에서 만난 첫눈발이다

너는 시간의 눈썹 끝에서
한 생애가 지워져도 끝내 소멸하지 않는
알 수 없는 불안과 상처의 얼굴로
오오 너는 오늘도 흰구름 위에 있다
청자빛 추억의 상자로

이슬·3

　　　　생은 때때로 강렬한 빛을 띠며 즐겁게 반짝거린다―헤세

뜰 앞 모과나무
이슬, 다람쥐 눈알이다.

막 태어난 하루
정자후子 바다다.

맑은 귀 하나
바하의 여백이다.

―아직 나보다 더 괴로워하는 사람이 있다.
바람 속을
더 팽팽하게 바람 하나 가고 있다.

뜰 앞, 모과나무
이슬, 오늘의 벼랑이다.

달을 듣다 · 4
―초승달

내가 좋아하는
경주 남산 냉골 부처님 눈썹이다.

이웃 슈퍼에서도 살 수 없고
누구에게 값을 매길 수도 없는
꺼질 듯 꺼질 듯
미소 짓는 저 눈매.

위대한
견인주의자堅忍主義者여
영원한 우주의 나그네여

경주 왕릉 앞에서

1
왕릉 숲을 걷는다.
구불구불한 소나무들, 소나무처럼 세월도 구불구불하다.
(그렇다. 구불구불한 나무가 우주를 지킨다.)
왕은 피곤해 할 우리를 미리 알았을까. 왕이 준 휴식처에서 우리는 맑은 산소를 마시고, 새우깡과 햇빛을 안주로 캔 맥주를 마신다.
왕은 아직도 천년의 잠 속이고,
사람들은 신화를 잊고 또 다른 신화의 거울 속을 여행 중이다.

나는 왕릉 사이로 지는 노을을 찰칵!
하루를 짧게 마감한다.

2
왕릉 숲을 걷는다. 이것은
누군가의 상처.

역사의 상처들, 저 둥근 집 뒤에 서 있다.

굽은 소나무 사이로 새 한 마리
왕릉에 찍! 똥을 갈긴다.

달과 아버지
―배반동 시편 6

언제나 흑백사진이다.
세월 가도 늙지 않는다.

일제시대 국민복 사진 속 근엄하신 아버지
오늘밤 경주시 배반동
사과꽃 울타리 위로 찾아오신다.

아버지……
오냐……
우주의 먼 별밭 지나 흑백으로 오시는
보일듯 말듯 오시는
아버지
가끔 달에서 잔기침 소리 들린다.

언제나 흑백사진이다.
경주시 배반동 사과꽃 울타리 위로
둥실 찾아오는
저 수염 텁수룩한
달.

달을 듣다 · 5

녹차 한 잔 마시고 밤의 창가에서 비발디의 사계를
듣는다. 티브이를 끄고 온몸으로 듣는다.

젊은 달이 논둑 길을 걸어온다.
저 환한 달의 눈 좀 봐!
양파 실뿌리 같다.

투명한 뿌리가
촘촘하게 얽혀 있다.

물소리와 달빛이 한 뿌리다.
아, 삶도 죽음도 한 뿌리다.

티브이를 끄고 온 몸으로
비발디의 사계를 듣는다.

저 아득한 노래의 끝은?

감·2

우리집 뜰에 중년의 땡감나무 한 그루
십여 년 전 어머니께서 작고하신 그해 봄
내가 심은 땡감나무 한 그루
올해도 풍성한 은총의 햇살 내려
잘 익은 가슴 주렁주렁 열고 섰다.
어디선가 새들도
청량한 가을 볕
탁탁탁 쪼다 간다.

누가 가을의 문 소리없이 열고 들어선다.
그리웠던 얼굴 하나
환한 웃음, 문 열고 들어선다.
―오, 내새끼
모진 세상 모진 시간 끌면서
용케도 여기까지 왔구나.

풍성한 은총의 햇살 아래
잘 익은 가슴
주렁주렁 열고 선

심연 深淵

형수가 떠나가신 그날 밤 창 밖으로 가을비 추적추적 뿌리고
나는 슬픔에 젖은 어린 새같은 조카를 병풍 속으로 날려 보낸 뒤
속절없이 견뎌온 형수의 지난날들이
젖은 꽃 이파리처럼 흩어져 버린

형수의 두 눈꺼풀을
그 돌부처같은 두 눈꺼풀을
남 몰래
열어보았습니다.

아 늦은 가을 밤비 속으로
형수가 가신 밤
그 깊고
질긴 푸른
밤.
나는 보았습니다.

말매미가 울었다

말매미가 울었다.
용인공원 목월선생 묘 입구
경상도의 가랑잎이
매미소리에 휘덮여 있었다.
담배를 한 대 태웠다.
이름 모르는 들꽃들이 붉은 고개를 내밀고
참매미가 또 울었다.
경상도 사투리로
쓸쓸하데이쓸쓸하데이
머라카노머라카노
고향이 그리운지
또 쓰르라미가 울었다.
담배를 한 대 더 태웠다.
용인공원 하늘이 씻은 듯 깨끗했다.
경상도의 가랑잎을 두고
나는 말매미소리와 함께
급히 하산을 했다.

초여름날

감나무잎 그늘 사이로 흰구름이 느리게 지나간다.
네 살백이 내 친구 가람이
나무 아래 이쁘다.

나비 누가 잡아줏노?
아빠가
나비 갖고 머 할끼고?
키울래
뭐 주고 키울래?
과자
나비는 과자 못 먹는데
배가 고플 낀데
엄마보고 싶을 낀데……

감나무잎 그늘 사이로 흰구름이 느리게 지나간다.
아이의 눈에도 흰 구름이 느리게 지나간다.

푸른 늪
―무제치*에서

늪이
푸르게 솟아 있었다.

개울엔 은빛 소금쟁이들
운동장에서 놀고 있는
개구쟁이들

별들도
흰제비난, 큰방울새난들도
푸른 등을 켜들고
뭉게뭉게 피어오르고 있었다.

오 광막한 도시의
푸른 눈
하나.

참으로 넉넉하고 따스한,

* 울산 정족산의 자연생태보존 늪.

눈물
―스티비 원더*에게

사랑하는 내 자식놈의 얼굴을
단 몇 분간만이라도 볼 수 있다면

사랑하는 하느님

캄캄한 나의 두 눈꺼풀을 열어서
사랑하는 내 자식놈의 얼굴을
나의 우주, 나의 하나뿐인 바다,
들꽃보다 더 따뜻한
사랑하는 내 자식놈의 얼굴을
단 몇 분간만이라도 볼 수 있다면,
하느님!

* 미국의 맹인 가수.

말러를 듣다

1
구스타프 말러를 듣는다

처음 보는 큰 강이다

강 건너
새가 지고 온 저녁놀이 환하다

슬픔의 뼈가 만져진다

2
소 마굿간 위로

슬리퍼 끌고 동네 마실 나온

달

어슬렁어슬렁 떠오른다

윤이상
—현악 사중주를 들으며

봐라, 이건 꽃이다

바이올린 E선 사이로 폭설이 내린다. 폭설이 오다 그치고 잠시 고요가
눈을 뜬다.
고요가 창호지 달빛이다. 고향 충무 앞 시퍼런 남해.
어릴 적 밤바다 어부들 노 젓는 소리.
나무마다 달빛 휘영청 찢어지는 소리.
노 젓는 소리, 대숲 바람, 절 한 채, 바다 위로 뜨고 있다.

봐라, 이건 눈 속에 핀 꽃이다.

키리에 에레이숑·1
―쾰른성당에서

일요일, 머나 먼 땅에 와서 아이와 함께 미사에 갔다.

사람들 얼굴도 빛깔도 모두 제각각이고
신부님 말씀도 무슨 말인지 알 수는 없지만, 성당 어디선가
예수님의 목소리가 들린다.

―너는 지금 어디에 있는가
너는 무엇을 향해 기도하고 있는가

장엄한 파이프 올간 소리.
웅장한 폭포수!
내 마음 속 성당 한 채 울린다.

아이와 함께 성당 문을 나설 때
누군가 내 가슴에 반짝!
하늘의 등불을 켰다.

절벽 위의 성당
―게오르기 키킨*에게

성당 첨탑 위로 흰구름이 어슬렁거리고 있다.
성당으로 오르는 오솔길 옆
들국 하나 푸들거리고
노을이 피어 있다. 폐허처럼
새 몇 마리 노을과 손 잡고 오솔길로 오고 있다.

바람이 불 때마다
오래된 나무십자가 하나
묵상에 잠긴 채
가을 하늘 속에 빛나고 있다.

흐린 바람 불어오는 오늘
아직 내 삶은 쓸만한가?

* 소련의 화가 게오르기 키킨(1932~   ).

지상의 시간·4
―황혼

오늘의 라스트 씬 자막字幕, 압권이다.
아니, 신의
일필휘지다.

붉게 번지는 신神의 붓끝
고요히 사위어 가는 서쪽 하늘
이고 온 새의 옆 얼굴
텅 빈 적멸이다.

이 순간
사람들은 저마다 순한 눈동자가 된다.
이 순간
사람들은 저마다 가슴 속에 허무의 꽃 한 송이
꽂는다.

―어디쯤 오고 있을까
다시 온다고 떠난 그대.

제야除夜

이리도 깊은 강 또 있을까
어떤 철학보다
어떤 종교보다 깊다.

떨어진 시간의 꽃잎들
꽃잎들 사이로 떠나간 분홍빛 오솔길도
흰구름과 산벚꽃도 아프다.
돌아오지 않는 강물도 모두 아프다

강물 소리가 오늘 밤에 더 세차다.

강의 뼉다귀가 만져진다.

낙화

마침내
사랑하던 시간들 지나갔다
누군가 뜨겁게 잡았던
손
화르르 놓는다.

세상이 꽃잎보다 무거워, 대신
가벼운 꽃잎이
뛰어내린다. 겁없이

세상의 나무 아래
마침내 사랑하던 시간들
지나갔다.

비올라

> 바하가 어려웠던 시절,
> 아끼고 사랑했던 악기가 비올라였다.

너는 한 걸음 뒤로 물러설 줄 아는 산의 배경
너는 낮은 곳으로 내려가는 낮은 빗소리

오오, 너는 지친 나의 영혼
달콤하게 적셔주는
붉디 붉은 포도주!

오늘밤 너가 나를 켠다.

해뜰 무렵·2

광막한
어디선가 황금빛 트럼펫 소리……

오, 진토닉 술잔에
빨간 체리 하나!

막 삼키고 싶다.

4
물소리 천사

천사

짙은 눈썹으로 밤새가 운다

어린 별들의 몸이 뜨겁다

별의 열 손가락 끝, 새의 맨발이 만져진다

울음은 언제나 뜨겁고 슬픔보다 깊다

내 발목에 초사흘 달, 푹푹 빠진다

달의 잎사귀에 푸른 음악 묻어난다

별의 몸은 부서지지 않고 반짝인다

물소리 천사
―그의 전신全身은 물이었다

물소리 하나 이승을 떠났다
물소리가 새 한 마리와 잘 놀다 떠났다

푸르고 싱싱한 물소리
불일암佛日庵에만 있는 게 아니었다
지하도 입구에도
버스 정류장 근처에도
뒷골목 동네가게 앞에 서도 그 물소리
또렷하게 잘 들렸다

이승을 떠나는
물빛 옷자락 사이로
물소리와 새소리가 잘 보였다

흰 맨발 뒤집어 보이며
하얀 덧니 반짝이며
숲속에서 살랑이는 나뭇잎의 몸짓으로
푸르고 싱싱한 물소리

가난한 사람들의 뿌리를
적시고 또 적셨다

물소리 하나
난초꽃 향기로 가득한 봄날
온 들녘이
한창 눈부시다

골목집
―고향

어머니의 푸른 치마처럼 오륙도 앞바다가 펼쳐졌다

얼굴이 납작한 굴딱지 지붕들

절영도 영선동 그 골목집

등잔 아래 그늘처럼 깔리는 어머니 흐린 목소리

자갈치 시장 낮은 뱃고동처럼 내 안을 철썩이던 그 골목집

코가 납작한 고무신짝들 하늘에 둥둥 떠 잠들고

고깃배 타고 떠나간 형님, 아직 돌아오지 않고 있는 그 골목집

지금도 내 안을 철썩거리며 잠들지 못하는 그 골목집 파도 소리

어머니 푸른 치맛자락 구겨지는 소리 들리는

문득 가고 싶은,

뻐꾸기

갓 따온 싱싱한 상추 같은
오월 아침
개다리소반 앞에 두고 손녀와 마주한다
흙담 넘어 뻐꾸기소리 놀러 온다
온유야
뻐꾸기 어떻게 울지?
"뽀카 뽀카……"
온유야
뻐꾸기 친구 어떻게 울지?
"버까 버까……"

아, 흙담 넘어
놀러 온 이쁜 손녀 뻐꾸기
뽀카 뽀카
버까 버까
갓 따온 싱싱한 상추 같은

틈

틈이 고맙다
숨길을 터준다
숨길 없는 틈은 죽음이다
문과 문 그 틈새로
달빛과 별빛이 오고
꽃잎과 꽃잎 틈새로 벌과 나비 오고
악수하는 손과 손틈 사이
입술과 입술 틈 사이로
달콤한 사랑의 향기 온다
새벽 다섯시와 새벽 네시 오십구분 오십구초 그 틈새로
푸른 새벽이 도착한다
틈을 사랑하는 나는
일하는 틈, 운전하는 틈, 틈
시를 읽고 시를 쓴다
오늘도 손녀가 '뽀로로' 티비 보는 틈새
잠시 틈을 내어
틈새 세상 바라본다
틈이 고맙다
틈은 쪼개면 쪼갤수록 또 아름다운 틈이 생긴다

3월

새벽에 일어나 '산이 텅 비었다'라고 썼다가 지운다
'텅'을 지운 자리에 '에메랄드 같은 새벽'이라고
썼다가 다시 지운다 산을 썼다 지웠다
하는 틈새로 이마를 밝히는 푸르럼

산은 내 젊은 아버지
보일 듯 보일 듯한 산의 마음도
저 골방의 구석도
생각하면 아, 광활한 우주다

새벽의 귀가 새파랗다

골짝 바람, 칠불암 돌부처 귀가 시리다

아이는 아직 독일 가 있고
앞집 영감은 수술 후 투병중이다
작년 텃밭에 뿌린 어린 봄동, 푸실푸실
허공에 푸른 발길질하는

짧아지는 나의 시

세 살배기 손녀에게 세상은 알 수 없는 나무들로 가득한
천연색 숲인가보다
—이거는 뭐야
어제 가리킨 소나무를 가리키며 또 묻는다
아이에겐 최초의 나무
첫눈 뜨는 첫나무
오늘도 어린이 집 나설 때 다시 묻는다
—이거는?
—응, 단풍나무
—이거는?
—응, 벚나무
—이거는, 이거는?
아이의 질문은 계속된다

집에 와서 화장실에서 쉬하는
할애비의 시들하게 늘어진 것 빠안히 쳐다보며
또 묻는다
—이거는 뭐야

……?

오, 질문은 끝이 없고
갈수록 짧아지는
나의 시

나비 관음

그는 새가 아니다
새가 아니지만
순결한 하늘은 그의 길이다

물색 스커트 투명한 날개로
지그작
재그작
어린 접시꽃 근처에도 갔다가
훌쩍,
키 큰 감나무 우듬지도 타고 넘는다

허공이 울퉁불퉁한가
걸음은 늘 지그재그다
지그작
재그작
뒤뚱거리는 혼신의 저 팔락거림!
생의 동력이다

날개 틈새로 울퉁불퉁한 길 보인다

그는 새가 아니지만
아름다워라 팔락이는 저 물색 스커트
햇살 속으로 왔다 햇살 속으로 사라진다

내 안에 그가 다녀간 흔적이 깊다

고선사 탑*

가까이 오지 마라**

네 앞에 서면 난 아무것도 아냐

오호 깊고 황홀한 너의 육신

지금 나,

뿌리째 무너지기 직전이야

이슬처럼,

네 앞에 서면

* 원효가 주지로 있던 고선사에 세워진 탑.
** 문정희의 시 「돌아가는 길」에서.

남천 물소리

달이 코스모스 꽃잎에 착륙한 밤
남천南川 다리 아래
웅얼웅얼 가고 있는 시냇물 소리
돌부리에 부대끼며 정처없는 저 남천 물
부대끼며 가는 것
저 물소리만은 아니다
새벽도 한참 지나서
귀뚜리의 시린 무르팍도 지나서
내일 새벽까지 더 가야만 하는 저 남천 물소리
정처없이 가게 내버려두자 내버려두자
빈 채로 가는 저 달
홀로 가는 남천 물소리
텅 빈 맨발들, 이쁘다

불국사엔 고래가 산다

1
자하문* 밖 수평선 앞에 섰을 때

흰수염고래 한 마리 물보라를 내뿜으며

대웅전 쪽으로 헤엄쳐 가고 있었어

토함산 아래로 헤엄쳐 내려와

부근을 빙빙 돌다 재빨리 몸을 숨기는 저 고래들 좀 봐

엷은 자줏빛 몸의 고래들

아미타고래 반야고래 다보고래 석가고래들

불국의 해변, 새들은 낯선 먹이를 찾으며 날고

바람, 햇빛, 모래로 된

석탑의 하반신을 어루만지며 나는

고래가 헤엄쳐 온 무수한 시간의 물이랑을 생각했어

―내가 건너온 순례의 시간과
고래의 시퍼런 물이랑은 무엇이 다른가

고래를 기다리며 나는**

청바지에 선글라스 낀 갈매기들과 함께

구름 위 관음전 가파르게 올랐어

2
대웅전 해변에 쏟아지는

달빛 폭포

은빛 고래다

새끼고래 한마리 무설전 뒤안에서

자줏빛 젖꼭지 빤다

극락전 해변

바람, 햇빛, 모래로 된 우리 생生도

천년 달빛 물살로 출렁인다

―내가 건너온 순례의 시간과
고래의 시퍼런 물이랑은 무엇이 다른가

고래를 기다리며 나는

달빛 폭포 물살에 젖어

자하문 돌계단에

먼 생까지 오오래 서서.

* 석가불이 머무는 불국토로 들어가는 문.
** 안도현의 시 「고래를 기다리며」에서.

뙤약볕
―오규원에게

시인의 집에 갔다
오랜 장마와 태풍 뒤 8월, 경기도 서종면 서후리
강물을 빙빙 돌아 강물로 도착했다
마당에 분홍꽃 떨기 자귀나무 한 그루
혀 떨군 늙은 개 한 마리. 오규원식으로
허공에 기댄 채 허공이 되어 있었다

검은 망토의 산제비나비들
분홍꽃 자귀나무와 잎새 가까이 숨쉬는 푸르름 사이로
고요 한사발씩 나르고
푸른 고요와 자귀나무 꽃잎 사이에서
시인은 뙤약볕 되어 땡볕과 싸우고 있었다

바람은 불지 않았고
새 한 마리 울지 않고 지나갔다*

경기도 양평 고요의 모서리
검은 산제비나비 데불고

장마 뒤 찾은 8월 데불고

* 오규원의 시「새가 울지 않고 지나갔다」중에서.

달, 소스라치다

첨성대 앞 찻집에서 차를 마시고 밖으로 나왔을 때
푸른 유방 사이로
유리 구슬이 밤을 내려다본다. 둥글게
밤은 푸르고
사랑의 시간도 푸르다

달밤은 언제나 추억처럼 둥글다

내물왕 부근 밤의 풀잎들
누가 떠나고 있는가
흰 옷의 풀잎들
누가 떠나고 있는가

첨성대 지나 내물왕릉 지나
유리구슬과 함께 걷는 밤
문득
푸른 유방과 유방 사이로
악,

소스라치는 저
달!

어떤 꽃나무

나는 그 나무가 죽은 나문 줄 알았어 검은 옷 입고 검은 구두 신고
고독한 포즈의 그 나무, 무심코 지나다니며 본 길가의 그 나무

13월 초순인가 사월 초순인가 하여간 그 근처
갑자기 그 나무가 가쁜 숨을 몰아쉬기 시작했어

    왜 라디오 볼륨이 점점 높아지는 그런거
    검은 꽃나무의 몸 어디선가 신열의 볼륨이 점점
    시작했어
    발갛게 부푸는 젖꼭지의 봄 기미가 투명한 물로
    번져 나오는

아, 살아 있었던거야 그 검은 옷 검은 구두의 나무

    투명한 뼈로 숨쉬고 있었던 거야
    나무의 중심이 물오름으로 소란했던 거야

아무래도 좀 이상한 그 나무
앞으로도 더 이상해질 것만 같은 그 나무

   나무의 중심부가 꽃 물살로 소란한
   이마에 열이 좀 느껴지는……

13월 초순인가 사월 초순인가 하여간 그 근처

엄지발톱길

엄지발톱길을 깎는다 침침한 눈으로
비포장 생, 잘 깎이지 않는다
발톱 사이 지난 길들이 울퉁불퉁 얼굴 내민다
삐딱하게 닳은 붉은 핏방울 길도 보인다
보인다. 발톱의 저 밑바닥에
어머니 엄지발톱 추억이
툇마루에서 어머니, 비포장 길 발톱 깎으신다
거북 등 껍질보다 더 갈라터진 모성의 세월 깎으신다. 잘 깎이지 않는다. 그 슬픔 칠순의 생, 붉은 주먹 움켜쥐고 잘 놓지 않는다

아, 꽃 피던 분홍의 시간들 그 꿈결 속의 길들
어디서 코 골고 계시나

나, 엄지발톱의 길 깎고 또 깎는다

깎아도 깎임을 당해도
비포장 생, 울퉁불퉁 잘 깎이지 않는다

귀밑 사마귀

―침 넘기지 마세요 갑상선 좌엽 세포 뜯습니다
목 밑 깊숙한 곳, 뜨거운 바늘 꽂힌다
7월 20일
별것 아닌 초음파로 나를 검색하는 날
갑자기 목월 시인의
「귀밑 사마귀」 시가 왜 떠올랐을까

어느 강을 건너서 다시 너를 만나랴
울음 우는 사람……

갑자기
왜 '귀밑 사마귀'가 초음파로 내 몸을 훑고 갔을까

어머니
그리움의 나무 침상에 누워
'귀밑 사마귀' 초음파로 지나가는 그 사이
―끝났습니다
바늘 목소리

별의 탄생

> 세계의 존엄성과 아름다움은 이 세계의
> 극히 미세한 무엇엔가 숨어 있다.
> —월트 휘트먼

아버지, 나는 별이 오는 길 보았습니다
가을 밤 0시 50분, 우주의 첫별 하나 탄생했습니다
몇 백 광년의 은하를 건너
수술실 아내의 얼굴은 또 다른 별의 심연이었습니다
심연 너머 광막한 우주의
오리온좌 카시오페아좌 별무리들 사이
아무것도 보이지 않았습니다
나는 간절히 간절히 기도만 했습니다
그 막막한 우주의 시간을 건너뛰어
정말 찰나였습니다. 별이 오는 길은
지상에 도착한 시퍼런 별의 몸
올챙이처럼 꼬물거리는 경이의 별, 그 손과 발,
꼬물거리는 손과 발 사이로 스쳐가는 아득한 은하의 강물
내 손에 가만히 번져 왔습니다
아버지, 아내는 가을 밤 0시 50분

몇 개의 은하수 건너
나와 함께 첫별 마중을 나갑니다

귀뚜리와 눈물

귀뚜리도 눈물을 알까

우는 것이 천직인 저 귀뚜리

알고 있을까

모든 눈물은

바람 부는 세상과 맞닿아 있다는 것을

귀뚜리도 알까

오늘밤도

먼 곳에서 누군가 캄캄한 이슬을 삼키며

스탠드 불빛 아래 잠 못 이루는 사람들

모든 눈물은

바람 부는 세상과 맞닿아 있다는 것을

2009년 오월 어느날
―오탁번 시인에게

국립경주박물관 입구에 들어서자마자
쪼르르,
성덕대왕신종 앞으로 굴러가는
오월
아저씨
와, 저거, 저 큰 종, 진짜야?
진짜 맞아요?
와, 컵 엎어 놓은 것 같다
떨어질까 겁난다
고고 박물관 지나
다보탑 석가탑 앞에 선 오월
아저씨
어느 게 진짜 다보탑이야? 여기 석가탑도 있어?
눈이 휘둥그레
박물관 뜰에 서서
끝도 없이, 호기심을 굴리는 오월
성덕대왕신종이 덩……덩…… 웃는다.
신라의 쪽빛 하늘 만지며

쪼르르
오월의 굴렁쇠 굴리는!

울링간 성당에서
―지금까지 내가 걸어온 길은 길이 아니었다·1

슬픔은
예고 없이 찾아왔다
한밤중 무너지는 산사태처럼
정상 가까이 눈바람이 몰아치고 있었다
파푸아 뉴기니 오지의 울링간 성당*
오래 된 나무가 새벽에 추락했다
순간, 하느님도 보이지 않았다
대낮인데도 박쥐 떼들이 야자나무 벼랑에 가파르게 달려 소리치고 있었다
갑자기 지금까지 내가 걸어온 길이 마구 뒤엉켰다
오래된 숲과 숲 사이로

지금까지 내 몸이 끌고 온 길은 길이 아니었다

슬픔은 예고 없이
피투성이
맨
얼굴로 찾아왔다

* 파푸아 뉴기니의 'MADANG' 마당에서 들어간 오지의 마을 이름, 언덕 위에 100년 전에 지었다는 아름다운 올링간 성당이 있음.

시커먼 입
―지금까지 내가 걸어온 길은 길이 아니었다·2

운명이 시커먼 입을 쩍 벌리고 있었다
오래 된
나무 하나가 쓰러졌다. 원주민의 새벽에
숲은 달처럼 고요했다

숲은 알 수 없는 밀어로 수런거리고
오래된 나무는 오래된 숲만큼 아름다웠다
박쥐들이 대낮에도 하늘 가득 날고 오래된 나무 하나가 쓰러졌다
쓰러진 나무의 발바닥은
그가 걸어온 길 만큼
갈라 터져 있었다
참 많이도 헛디딘 길, 갈라 터져 있었다
숲으로 가는 길은 사방으로 뚫렸고

삶과 죽음의 입구는
시커멓게 입을 벌리고
내 앞에 단 하나

은빛 변기
―지금까지 내가 걸어온 길은 길이 아니었다·3

언제 우리 눈부신 숲 지나왔던가
강물은 또 그 숲 기억하고 있던가

숲속에서 내가 길 잃고 방황하고 있을 때
아내는
변……기!……변……기! 찾았다
절벽 바위 틈을 기어나오는 듯한
가느다란 은빛 물소리
봄비에 새 잎 돋아나는 듯,

고통 속에 길은 다시 열리고
나는 깨달았다
고통속에서 길은 다시 시작된다는 것을
새벽의 등 뒤에서 푸들거리는 지나온 나의 길들
치명적인 슬픔 비켜선
내 안의 길들을

물소 떼, 드라마
―지금까지 내가 걸어온 길은 길이 아니었다 · 4

드라마는 언제나 극적이다
구름 군단이 몰려 오고 있었다. 물소 떼들 같은
목숨을 걸고
목숨을 걸고
야생의 들판을 달려온 물소 떼들
검은 입 벌린 강물 속으로 뛰어들고 있었다
속사포처럼 뛰어들고 있었다
길은 사방으로 열려 있었고
내 몸에서 끌려 나온 길이 또 다른 길을 찾고 있었다

목숨을 걸고
목숨을 걸고
생사의 출구는 단 하나
구름 군단 사이로 물소 떼들이 피를 흘리고
내 몸에서 흘러 나온 길들이
마구
헝클어진 숲 사이로
물소 떼처럼 뛰어다니고

구름의 행방
―지금까지 내가 걸어온 길은 길이 아니었다·5

구름의 행방은 늘 묘연하다
달려도
달려도
하느님도, 천상의 계단도 보이지 않는다
사방은 원주민의 얼굴처럼 검은 절벽뿐

파나돌, 안티바이오티*
파나돌……안티바이오티……
흰 구름 한덩이가 검은 구름의 행방을 쫓는다

'울링간 성당'→119 천사→파푸 뉴기니 비행장→포토 모르스비 쪽 해발 4000미터 산맥을 넘는 구름떼→119 천사→인터내셔널** 응급실, 낭자한 구름의 뼈.

폭풍속의 행방, 늘 묘연하다

* 진정제, 항생제 이름.
** 파푸아뉴기니 수도의 병원.

미카엘 K 신부께
―지금까지 내가 걸어온 길은 길이 아니었다 · 6

나의 길은 아니었습니다
당신의 그
처음 가는 길
나의 길에 빠진 나
당신의 집에 너무 늦게 도착했습니다

아침마다 침묵의 경전 몇 구절 힘들게 꺼내 보여준 당신

당신 숲의 그 처음 듣는 새소리 날갯짓 소리
내 귀에 아주 선명했습니다
어제의 바다보다 더 날카롭고 깊고 깊게

노을의 무게
―지금까지 내가 걸어온 길은 길이 아니었다·7

포토 모르즈비, 패시픽 2층 병실

아내가 서쪽 창가에 누워 있다. 찢어진 흰 구름보처럼
끙끙대며 타는 저녁놀, 아내의 오줌빨 서쪽 못물에 비친다
아내는 자주 변기!를 찾았다. 애인을 찾듯
아내가 변기를 찾으면
황급히 나는,
서쪽 가랭이를 열고 붉은 못 속으로 들어간다
무덤 같은 불두덩이 노을속으로 들어간다

내 어찌 알리
아내의
두렵고 깊은 저 노을의 무게!
은빛 변기보다 더 눈부신 사랑의 무게를

맨발 천사
―지금까지 내가 걸어온 길은 길이 아니었다·8

……꽃이면서 꽃의 그림자이고 나무이면서 나무 잎새의 그늘이고

햇빛이면서 햇빛의 맨발이고, 시냇물이면서 또한 바닥에 깔린 흰 몽돌의,

이를테면
그는
허공을 둥둥 떠다니진 않습니다
가녀린 날개는 지상에 딱 붙어
맹렬하게 파닥이는 벌새
벌새 얼굴의 프시케입니다
히말라야 산의 눈 덮인 가파른 산길을
한 걸음 한 걸음 묵묵히 오르는
지하도 어두운 계단을 시시각각 오르고 있는
맨발

세상의 어떤 짐승 내장보다 더 시뻘건

노을이 마구 뒤엉킨
맨발

인상印象

바다의 잡목숲,
탈을 쓴 새들이
새금파리 깨지는 소리를 냈다

루드비히 소나타
동백꽃잎의 주제主題에서도
새금파리 깨지는 소리가 몇 번 났다
해안에는 발동선 몇 척,
심장을 뽑아들고
동백꽃이 만발한 섬을 돌아갔다
새빨간 바람 한무더기
수평선에 풀리고 있었다

내가 듣는
루드비히 소나타
동백꽃잎의 주제主題 위에
노을이 한창 지고 있었다

5
온유

온유溫柔

너를 생각하면 산다는 건 신비다

너를 생각하면 어떤 슬픔의 강도 내겐 친구다

먼 곳에서 찾아오는 마법의 새 한 마리

영원이라는 시간 속에 솟아나는

비밀의 초록정원이여

네 안에서 나는 영원한 사랑의 샘물 퍼올릴 것이고

또 어느 날 심장은 노을처럼 꺼질 것이다

동양의 하늘 아래 울고 있는 새 한 마리

틈 사이로 솟아 있는 비밀의 초록정원이여

너는 아직도 나의 푸른 심연

나의 맨발이 뜨겁다

1막 3장
―천국보다 낯선·2

1
칸 해변 호텔, 나는 411호, 나의 친구는 창 밖 심연 코끼리 두 마리, 쌔근쌔근 밤과 함께 자고 있다. 잠꼬대를 한다 아, 새끼 코끼리다. 독일 온 지 일 년, 독일말로 잠꼬대를 한다 몸부림치는 어린 코끼리, 잠결에 애비 코끼리 얼굴 발로 찬다 어이쿠……

창 밖, 지중해는 심연

2
웃통을 벗은 젊은 코끼리, 어깨가 잘 생겼다
멀리도 왔다 망통까지 있는 힘 다해 파김치 되었다
남쪽나라 먼 정글 속 외롭게 걷고 있는 코끼리
눈망울이 선한 나의 코끼리

시간은 푸르다 달려라 코끼리

3

저 꽃봉오리들 신이 준 선물 나의 뿌리에 달라붙은 따스한 흙덩어리 잠든 코끼리의 이마를 짚는다 이마의 피가 괜찮다 속삭인다 옹크린 채 잠든 짐승의 밤, 흰 시트처럼 정결하다 밤의 파도를 이마 끝까지 끌어 올린다 내일은 다시 떠나리 코끼리 등에 올라타고 정글 속을 작열하는 태양과 군청빛 바다와 색색의 꽃들 숨쉬는 낯선 섬으로 다시 떠나리

창 밖은 심연. 시간은 푸르다

달려라 코끼리

새의 발바닥

유치원을 나온 손녀, 발레 공부하러 간다 일주일에 한 번 르노 아르의 그림책에서 본 살빛 고운, 똥 싸는 천사들 비행연습장에서 이착륙 연습한다 새 어린 새도 함께 비행기로 날고 캥거루로 뛰고 평균대에서 뒤뚱뒤뚱 오리 새끼로 난다 오리 새끼들 날개, 흰구름 닮았다 날쌘 피라미들의 눈, 새와 함께 빛난다

큰 새 작은 새 저 눈부신 비행
희망은 신의 또 다른 이름.

비행을 마칠 때쯤
땀에 젖은 새의 발바닥을 얼핏 본다

아아,
새의 발바닥이 새,까,맣,다!

분홍 꽃신

손녀가 공항을 떠났다 할머니가 사 준 뽀로로 가방 메고 아직은 세종대왕이 누군지 신사임당이 뭔지도 모르는 꼬마 그러나 할머니가 선물로 준 토끼가 그려진 동전 주머니 무슨 보물처럼 챙기고 떠났다 타국서는 무용지물인 그 다보탑 동전을 넣은 주머니 챙기고, 그런데 이걸 어쩌나… 손녀가 먼 타국으로 떠난 후, 화장실 구석에 쬐그만 분홍 꽃신 하나 울고 있다 손녀가 깜박 두고 떠난 분홍 꽃신, 화장실 갈 때 꼭꼭 챙기던 분홍 꽃신 길 잃은 망아지처럼 측은하다

아득한 길 위
우주 하나 먹먹하다

천국보다 낯선·4

오늘이 무슨 요일, 하늘은 낡은 청바지 색깔
처음 보는 이국의 간이역이다
손녀가 할아버지 할머니를 부른다
고장 난 수도꼭지처럼 철철철 눈물을 흘린다
저 어린것이 저 어린것이……
기적 소리 너머 노오란 해가 지고
할아버지 할머니도 손녀를 부르고 있다
여기가 어디지? 낯선 간이역이다
노오란 해 뒤로 엄마가 아이의 어깨를 꼭 껴안고 있다
언제 다시 만날까
온유야
구명조끼도 입지 않은 뜬구름 한 덩이
간이역에 망연히 서서,

메모·2

독일에서 손녀 전화가 왔다 할아부지, 넘어지지 마세요
지금 내가 살아 있다는 것? 넘어지지 않는다는 것?

할아부지, 조심하라니까!
내가 서툴게 운전할 때마다 손녀가 내게 가르쳐주는 경전 한 구절

사과나무는 한순간도 허투루 살지 않는다*

* 일본시인 니시 가즈토모의 시 구절.

뼈

어머니 묘소를 이장移葬했다

40여 년 세월이 삭아 내린 그 자리, 어머니의 머리칼도
알록달록한 몸뻬도 보이지 않고 다만,
불에 그슬린 장작개비 같은
정강이뼈와 흙 묻은 머리뼈 조각만 생생했다

나는 보이지 않는 어머니를 불렀다
그날 밤 꿈속에서
뵙고 싶던 어머니를 만났다
여름날 외갓집 가는 흰 방죽길 같았다
춘아, 니가 보고 싶다
니는 내 안 보고 싶나
꿈속에서 목소리가 옥양목 같은 흰 목소리가
엄마……
손을 잡고 먹먹한 강물,

어머니 묘소를 이장했다.

황홀한 면회

　어머니께서 면회를 오셨다 군 입대한 막내 보고 싶어 훈련병은 일체 면회할 수 없는 삼엄한 육군 훈련소 양산서 새벽 기차 타고 달걀말이 김밥과 떡 한 보자기 싸 들고 내가 가르치던 초등학교 6학년 꼬마들 몇, 앞세우고 무식한 어머니께서 면회 오셨다 1966년 초여름 육군훈련소, 그날, 새까만 훈련병인 나도, 훈련소도 깜짝 놀랐다 무식한 할머니가 꼬마 제자들과 멀리서 새벽기차 타고 산 넘고 강 건너 옛 선생님 만나러 왔으니… 얼마나 난감했을까 사상 초유의 특별면회는 하느님께서 허락하셨나보다 면회실도 아닌 유격훈련장 마른 개울가 땡볕 아래 이산가족처럼 나는 어머닐 만났다 어머니의 손과 제자들 손, 말없이 잡고만 있었다 새까만 훈병, 그날, 김밥도 인생도 내 목을 넘어가지 못했다

　불쌍한…… 오오,
　깜깜히 불효막심 막내 보러 이승엔 듯 저승엔 듯 오신
　어머니, 오, 세상에서 가장 황홀한

목련
―상냥한 당신

1
아침에 일어나 언제부턴가 짧은 기도를 합니다
비바람 속을 오래 걸었습니다
비바람도 이제 내 친구입니다
당신께서 내게 주신
오늘의 맑은 햇살과 야생의 바람 한줄기 감사합니다
맑고 맑은 당신

2
부활절 아침, 성당 가는 길
윗시장 북적거리는 시장통 지나
목련이 터지고 있습니다
마르코 새 신부님이 오셨습니다
입구에서 희고 부드러운 손으로 맞아주십니다
성당 입구쪽 하늘 분홍빛으로 환합니다
아, 꽃으로 오시는 당신

3
흰 옷 입은 마르코 사제
목련 촛불을 들고
하늘에 미사를 올리고 있습니다
한 생이 꽃과 함께 저물고 있습니다
목련이 혼자 피었다 혼자 지고 있습니다
오, 상냥한 당신

경주시편·1
―해뜰 무렵

왕릉은 힘이 세다
하늘의 별과 새들을 불러 모으고
죽어서도 사람들을 끌어당긴다
왕릉은 혁명이다 혁명은 아름답다
운동복 차림의 사람들 아침마다 왕릉 가까이 불시착하고
자전거 탄 여학생들, 골목 끝으로 사라진다
길 끝 양지다방, 산신보살집, 파리양화점 간판들
죽은 자와 산자가 올망졸망 껴안고 산다
쪽샘쪽으로 유적 발굴이 한창이다
조금만 파내려가도 천 년 전 붉은 속살 만난다
홍상수 감독 영화 속 마을
영화 속 연인들은 그때 왜 점집을 찾았을까
어디로 갔을까 그 많은 꽃과 그리움들
당신도 왕들도 아마 모를 것이다
거대한 항공모함 닮은 봉분들, 몸 밖으로
아직 사랑한다고 늙은 나무가 손을 내미는 도시
기적 속의 하루, 그로테스크한 무덤의 어깨 너머로
오늘의 심연이 도착한다
깊고 푸른.

경주 시편 · 2
―남사리 망초꽃

용담정* 지나 남사리 3층 석탑 보러 간다
햇살 속 탑 기단석에 앉아 땀을 씻는다
어디선가 나를 끌어당기는 산의 향기
산쪽으로 귀를 여는
추억의 흰 맨발들, 저 망초 떼 향기 오랜만이다
나는 탑의 기단석에 앉아
열아홉 살 적 추억 한 잎 불러온다
맨발의 망초꽃도
열아홉 살 적 추억 한 잎 떠올리고 있는지
말이 없다
해질 무렵
더 오래 앉아 있으면
맨발의 망초꽃, 울음보 터뜨릴 것 같아
하산을 서두른다

* 동학의 창시자 최제우가 포교하던 동학 성지.

귀로에서
―따로 두 개

내가 잘 가는
경주 아래 시장 원조할매 돼지국밥집
눈 밝은 아주머니 한 분 계신다
가끔, 저녁 무렵 출출해진 아내와 내가
돼지국밥 생각이 나
국밥집 문을 밀면
눈 밝은 국밥집 아주머니
잽싸게 우리를 먼저 알아보고
데스크 쪽을 부른다
"따로 두 개!"
졸지에 아내와 나는 '따로 두 개'가 되어
따로 따로, 따로국밥 앞에 앉는다
창밖에 내리는 흰 눈발을 보며
추억의 허기를 채운다
눈을 맞으며 국밥 집을 나설 때
"따로 두 개, 갑니다" 웃으며 인사하면
아주머니, 포근한 눈발 되고
좌판 위에 털 깎은 돼지머리도 웃는
찬바람 에는 겨울밤.

사각형의 어둠

밤의 황룡사에 갔습니다 음력 삼월 달빛이 폐사지를 흐릿하게 애무하고 있었습니다 낮엔 볼 수 없었던 단단한 어둠이 구층 목탑지와 금당 모서리를 A4 용지처럼 검게 채우고 있었습니다 나는 밤의 심초석을 깔고 앉아 스스로 깊어가는 폐사지의 고요를 바라봤습니다 사각형의 어둠은 아주 단단했습니다 어둠은 썩지 않고 천년이 지나도 어둠은 어둠이었습니다 알 수 없는 왕궁의 음험함도 원효의 염불 소리도 모두 측은지심이었습니다 모두 수류화개水流花開였습니다 지나간 날들은 생각지 않기로 했습니다 역사는 아무리 들여다보아도 몇 줄의 단단한 어둠이었습니다

밤의 황룡사에 갔습니다
음력 삼월 반달이 구층 목탑지에 얼굴을 내밀고
신라 우물터 지나 고요를 밟는데
풀숲 어디선가 밤새 한 마리
휘리릿! 비명처럼 어둠을 찢었습니다
비췻빛 곡옥 같은 밤새 울음소리
출토된 천년 유적이었습니다

작명作名

1

고도古都에 사는 '섭이', 시골 노총각 미용사. 노총각답게 고독과 결핍이 그의 밥이다 혼자 살며 가진 것 없어도 당당한 그의 미용실은 늘 잔잔한 음악과 고요가 산다 손님 없어 공치는 날, 친구인 개와 닭을 불러 대화한다 칸초네 잔잔한 음악이 개와 닭의 귓속으로 들어간다 개와 닭의 귀도 기분 좋아 짐승같이 잘 자란다 여름날 풀섶에 번지는 저 잔잔한 들풀 향기들 좀 봐. 마음 한 평, 넉넉하다

2

고도에 사는 '섭이', 버려진 발바리와 함께 산다. 발바리 이름이 '나누'란다 '나누'가 뭐꼬? '나는 누구인가'를 줄인 이름이지요. '나누'는 노총각, 세상을 향한 눈 껌벅껌벅한다 손님이 있을 땐 밖으로 슬슬 돌아다니다 손님이 없을 땐 미용실 안으로 슬며시 들어오는, 눈치 9단 '나누'. 눈을 껌벅껌벅하는 "나누', 마당 한구석 적막을 쪼는 닭들에게도 이름표를 달았다. 수탉 이름은 '느루'다. '느루가 뭐꼬?' '느리게 살아라'지요. 개와 닭에게도 노총각의 마음 껌처럼 붙어산다. 나는 누구인가, 소크라테스의 화두, 눈을

껌벅껌벅하는 당신은 당신을 아는가, 눈을 껌벅껌벅이며 사는 것, 아무리 힘들어도 결코 서둘지 말라. 섭이 동네 '나'와 '느루' 이놈들, 세상 도道, 곧 트이겠다

계림의 늙은 회화나무와 나

계림숲에 갔다
입구, 회화나무 한 그루
팔과 목이 잘린 토르소다
온 몸에 시멘트 붕대를 칭칭 감았다
중환자 저 나무
그런데 저 나무, 진짜 시다

어떻게 몇 백 년을 그 강 건너왔을까
박수근 화가가 생각이 났다
육이오 전쟁통 경주에 피난 왔을 때
계림숲에가 날마다 사랑했던 그 나무
저 토르소!
지상에 뿌리박은 상처
하느님의 시, 저 나무
우리들의 자화상 같은
나무의 마음은 나무만이 알지
나 같은 얼치기는 죽었다 깨어나도 알 수 없지
눈발이 뿌리는 오늘

계림숲에 갔다
동양적인 눈빛으로 오는 숲
아,
토르소 닮은 나무 한 그루 키우고 싶다

깊고 푸른 경주

영화 〈경주〉 보셨나요?

경주에 살고 있는 나는 호기심 때문에 그 영활 보았지요
〈경주〉 괜찮더라, 소설가 K형께 말했더니
K형이 카톡으로 문자를 날려 왔지요

죽고 나면 모든 게 똥이 된다는 평범한 진실을
왕릉의 선線처럼

아주 느리고 길게
아주 느리고 푸르게

왕릉의 선처럼.

황홀한 테크닉

하늘이 새파랗다
경주가 36.6도인 날
파초잎 그늘 사이
청개구리 한 놈
면벽수련 가부좌 틀고 앉았다
죽은 척 꼼짝 않는다
수행에 방해될까 조심조심 소리 죽이는 여름
이놈이 소설을 쓰나 시를 쓰나?
저녁까지 가부좌 풀지 않는다
아, 나보다 몇 수 위다
어디서 저 무거운 엉덩이, 황홀한 내공 실력 배웠을까?

책

　　책 정리를 했다. 책 속에도 길은 보이지 않았다 읽지 않은 책이 읽은 책보다 압도적으로 많았다 압도적인 책들에 내 정신 얼마나 압도당했을까 너무 많은 것은 아무것도 없는 것 먼지 낀 책갈피에서 엽서 한 장, 툭 떨어진다 사랑하는 아버지께, 방금 니스해변에서 돌아왔습니다 붉은 달과 아름다운 노을을 보니 불현듯 아버지가 보고 싶어졌습니다
　　　　　　　　　　　　　2006.
　　　　　　　　　　　　　지훈 올림

　　　　　　　　　　　*

　　아, 열 번의 계절이 압도적으로 지나갔구나 내 것이 아닌 저 계절들, 저 책들, 책, 책, 책, 사방이 어둑어둑해지고 있다 아무리 찾아도 책 속에 길은 보이지 않았다 어린 코끼리 한 마리 아직도 풀섶에서 토끼풀 찾고 있다 책 속에 길이 없다 길은 항상 견인차처럼 멀리 있다 길은 사랑처럼 멀리서 온다 어린 코끼리 책을 베고 잠들어 있다 숨소리가 가쁘구나 어둠 속에서 소쩍새가 울고 어린 코끼리 한 마리 어디론가 혼자 가고 있다 건강 잘 챙겨라 건강, 다시 책 정리를 한다 붉은 달이 서서히 꺼지고 사방이 금세 어둑어둑 해지고 있다

메모·1

*

시인은 달과 풀과 연인戀人한테서 보조금을 받는 사람

*

텃밭 봄동, 푸른 속치마 입고 있다
3월의 속치마
아직 귀가 시리다

*

담배는 나의 시간을 재로 만드는 장인

시詩, 또는 강물 소리

> 원산면옥집에서 냉면을 먹다
> 어느 소설가가 쓴 글을 읽는다
> ―영화 〈詩〉*에서

세상에는 두 종류의 사람이 있다
"시詩를 읽는 사람과 시詩를 읽지 않는 사람이다"
우리 엄마는 '시를 읽지 않는 사람'에 속한다
그런 엄마와 〈시〉를 보러 갔다
〈시〉를 보는 도중 갑자기 엄마가 울었다
영화관을 나오며 물었다
왜 울었어요 엄마?
무슨 영화가 음악 한 곡도 없어? 음악도 없이 강물 소리만 나온다냐!
강물 소리가…… 강물 소리가 서러워서 울었다

갑자기 내 가슴에 강물 소리가 났다
이승에서 듣는 아득한 저 강물 소리
아, 울 엄마도 이제 시를 읽고 시를 배울 수
있겠다!

* 이창동 감독, 윤정희 주연의 영화.

시가 빈 배 쪽으로 나를 초대했다
―휠덜린 시인 기념관에서

휠덜린기념관은 낮 12시에 문을 닫는다
나는 어두운 목조 계단을 올라 창 밖 비 오는
네카강*을 바라본다
강가에 빈 배 한 척
빈 배쪽으로 시가 나를 초대한다
어디선가 읽었던 문장 하나
'자유로운……그러나……고독한 영혼……'
이 궁핍한 시대에 시인의 존재 이유는?**
시인이 죽기 전 37년간 살았던 집
빈 의자 두 개 창문 틈으로
스며드는 가을 빗소리 듣고 있는 집
네카강에 떨어지는 가을 노크 소리
비 오는 네카강을 보면서
생은 고통이지만 정신은 풍요로웠던
광활한 우주 끝으로 걸어간 한 시인을 떠올린다
'자유로운……그러나……고독한 영혼……'
시인이여
휠덜린기념관은 낮 12시에 문을 닫았다

* 횔덜린이 만년을 보내다 죽은 튀빙겐을 흐르는 강.
** 횔덜린의 시 「빵과 포도주」의 시구.

근하신년
―꿈에 온 오규원에게

양띠 해 첫날 양의 꿈은 안 오고
죽은 친구가 왔습니다
캄캄한 밤에 수염 텁수룩한 얼굴로
내가 본 마지막 얼굴로
죽은 친구가 찾아왔습니다
씩, 웃으며 철학자 같은 시인이 왔습니다
몸은 어떠냐
"괜찮다" 아주 힘들게 시인이 말했습니다

생각해보니 양의 꿈보다 친구가 온 꿈이
더 따뜻했습니다
첫 함박눈처럼

조정권 시인한테서 《현대문학》 1월호에
황동규 시인이 오규원 시인 생각하며 쓴 시가
발표됐더라는 메시지가 왔습니다
데킬라를 마시며 오규원 시인 폐기종 생각한다던가?
아, 그도 오규원을 생각했다니…… 참 묘한 꿈

새해 아침 소원 항아리에
그리운 얼굴 하나 적어 넣습니다
수염 텁수룩한 시인이 씩 웃었습니다

그 산은 아름다웠다
―엑상프로방스에서 오규원 생각

1
칸에서 8시 28분 발, 엑상프로방스 행이다
시인이 그토록 가고 싶어했던 곳
두물머리 지나 양평 서후리 시인을 만나러 가듯
세잔 만나러 간다 강아지 같은 손녀 손 잡고
지중해 코발트 물빛 수돗물처럼 콸콸 쏟아지는 오후
손녀는 뽀로로 만화에 푹 빠져 마법의 성 꿈꾸고
옆자리 프랑스 아가씨 향수를 살짝 뿌린다
지중해가 군청색 향기, 몸에 뿌렸다

2
세잔 하우스 플라타너스 나무 그늘 지나
언덕의 아틀리에 앞
그토록 사랑했던 생 빅투아르산, 생방송으로 만난다
아아, 그 산은 아름다웠다
지중해 눈부신 햇빛 속에서
산이 장엄하게 솟아 있었다
어디선가 들리는 시인의 목소리

―혼자서 가는 길은 외롭지만 그 길은 보람 있는 길일거야
지중해가 혼자 중얼거리고

김 아우구스티노의 영결 미사에 가서
─2014년 7월 8일

첫 기차를 탔다
남산도 선도산도
산안개에 젖어 있었다

안개는 죽어서 어디로 가나?

*

고별미사가 막 시작되고 있었다
영정 속,
못을 몇 개 뽑다 만 그가 나를 보고 있었다
촛불 든 천사가
트럼펫을 불고 있었다

*

고해성사를 하고 있었다

"오늘 성당에서/아내와 함께 고해성사를 하였습니다/못 자국이 유난히 많은 남편의 가슴을/아내는 못 본 척하였습니다…"*

침묵 속의 시인들
하느님의 어린 양 자비를 베푸소서……

 *

절두산 성지로 그가 떠난 후
서초동에 부슬비 계속 뿌리고
그가 빼지 못한 못
나도 빼지 못한 못, 슬픈 못 하나
부슬비가 되어서 추적추적
서초동에 박히고.

* 김종철 시인의 시 「고백성사」 중에서.

희미한 물소리
―소설가 최인호 생각

1
소설가 최인호가 마지막 숨을 거둘 때
그 곁에
그의 딸이 있었다
여름 우레 지나가듯, 아니
희미한 물소리 지나가듯
목소리 하나 들렸다
"주……님……오……셨……다!"

캄캄한 터널을 통과하는
절명의 그 순간
어디서 환한 빛을 만난 모양이다
물소리 소풍, 끝내는 날
물소리 하나 목이 쉰 채 그렇게 떠났다

인간이 아름다워!

2
나는 그를 몇 년 전 '동리목월문학상' 시상식 때
처음 만났다
소설부문 수상자인 그는
암 치료중이라 목에 머플러를 칭칭 감고
수상소감을 농담처럼 던지며
불국사 주지스님께 한 말씀하기도 했다
―스님, 나 유명해요 나를 위해 기도해 주세요
내가 오래 살아야 경주를 위해서도 좋지요

쉬어빠진 목소리로
그렇게
봄이 떠났다

치과에서

망치로 이빨을 툭툭 치고 센 물살로 이빨을 씻는다
엑스레이 사진을 찍는다 희멀건 물상 몇 끌려 나온다
저 물상은 무엇인가
어설픈 내 영혼에 다시 질문해야 한다
질문과 질문 사이 꽃이 핀다
살 속에 쐐기정같이 박힌 저 허연 뿌리의 언어들
어둠침침한 복도 같은
살 속이 심연처럼 깊구나
몸의 뿌리가 흙속의 나무뿌리처럼 날카롭게 뻗었구나

내 언어도 저렇게 살과 살, 틈 깊이
뿌리를 내려야 하는데
질문을 해야 하는 데 쐐기정처럼
세상은 요란한데
어처구니없게도 세월이 이빨과 이빨 사이로
어처구니없게도

나는

아직 오지 않은 시의 첫 행을 기다리며
치과 문 앞에서 지금 아득하다

오, 마이 갓
—쥐

어둠 속에서 너를 잡기 위해
별 부스러기와 멸치 몇 마리
그놈의 허기 때문에 덜컥,
볼록렌즈처럼 부릅뜬 너의 둥근 우주, 섬찟했지
알 수 없어라
죽음은 신의 영역이지만, 때론 인간의 영역이기도 하지
어떤 죽음도 죽음은 여행이 아니지

철망 속에 갇힌 너의 슬픈 둥근 우주
작은 실수가 큰 운명을 결정하는 법
볼록렌즈처럼 부릅뜬 너의 우주, 섬찟했지
아, 그런데
갑자기 몹쓸 생각 하나 내 뒤통수를 잡아당긴다
내가 세상 뜨는 날
부릅뜬 내 둥근 우주 감지 못한다면
어쩌지?

오 마이 갓!

바다가 네!라고 대답했다

여름 가고
과수원 탱자 울타리 너머 달개비꽃 가을이 온다
나는
바다의 연둣빛 목소리가 듣고 싶어 바다에게 전화를 한다
바다야 보고 싶다
괭이갈매기도 요즘 흰똥 잘 싸고 있니?
타클라마칸 사막보다 먼 저쪽에서
과수원 탱자 울타리 저쪽에서
연둣빛 바다가 막 달려왔다
탱자 울타리 너머로
내 눈물 닦아주는
가을이 왔다

산의 어록*

이눔아 비누는 한 개면 됐지 왜 두 개가 필요해

도 닦아 부처되라고 준 돈 그걸 함부로 쓰면 되것냐

중놈 믿을 거 못돼 집 버리고 떠나온 놈들 어떻게 믿어

넘치는 물량에는 향기가 없어 중은 중답게 살아야 향기지

뱃속에 밥이 적고 입속에 말이 적고 마음속에 일이 적어야지

제일 위대한 종교는? 절이 아니고 친절이지

산에 와서 뭘 채우려고 하지 마 산처럼 텅 비워

   산 하나 펄펄펄 눈 속에 파묻히고
   새 한 마리 펄펄펄 깃털 속에 파묻히고

꽃이 피기 시작했어 물맛이 참 좋아 이 꽃하고 살아야겠어

한 송이 꽃을 통해 산의 신성한 침묵을 느껴

오늘은 그만!

* 법정 스님의 「의자」 중에서.

메기의 추억
―안동림 선생 추모

포스터의 〈메기의 추억〉을 애창하시던 당신 맛있는 '메기 매운탕'이라고 힘들 때 나의 슬픔을 위로해준 곡이라고 산그늘 같은 농담도 던지시며 옛날 유성기에서 흘러나오는 목소리 같은 존 네코넥*의 메기 매운탕 맛깔스럽게 애창하시던 당신 언제나 자장면과 돼지국밥을 친구처럼 좋아하시던 그 마음 언저리도 그립습니다

    우리 시대의 진정한 스승
    백만 달러짜리 오페라 명품 해설
    벚꽃 피는 경주, 단풍든 경주를 사랑해
    봄가을 경주를 찾으시던 당신
    마지막 경주고전음악 감상회에서 하신 말씀
    "하이패츠의 아베마리아는 하나의 전율이야"
    전율하는 추억으로 쟁쟁합니다
    돈도 소설가도 음악도 모두 한 송이 뜬구름
    그립습니다
    우당愚堂* 선생님!

* 아일랜드의 전설적인 가수.

** 소설가, 음악비평가인 안동림의 호. 저서로 『이 한 장의 명반』, 『불멸의 지휘자』가 있다. 급성 폐렴으로 82세로 타계.

소주 한 병
―조정권 시인께

가방 속엔 애인 같은 소주 한 병
가을숲을 향하여 기차를 타고 떠난다
"뽕짝이나 대중 시와는 거리가 멉니다
구스타프 말러나 바흐가 제 친구죠"
허우적대는 사람들 사이에서
시인은
춥고 외로운 곳에서
더 빛난다

시인 이외는 아무것도 아닌 시인.

가죽 가방 속엔 바흐나 브루흐를
무기처럼 넣고 다니는
시인이여
당신의 삶은 고통 받을 가치가 있나니
횔덜린 선생이었든가 김달진 옹이었든가
신성한 숲으로 기차를 타고

오,
가을 하늘로 떠나는
투명한 영혼이여

쇼스타코비치 제8번 듣는 밤
—2014년 봄

비가 옵니다 마을 앞에도 냇가에도
모래 위의 나라에도
밤이 팽팽합니다
비는 조금도 낡지 않았고
비는 또 다른 비를 부릅니다
당신이 좋아하는 왈츠곡에도
전쟁 교향곡에도 비가 옵니다
마음 깊은 곳 고압전류가 쨍쨍합니다
슬픔은 아무리 사소한 슬픔이라도 깊습니다
상심 속 밤은 하염없고
파초잎에 내리는 저 초록비
석류꽃에는 붉은 비
모래 위의 나라 축축합니다
노래는 잔잔하게 흐르고
비누로도 지워지지 않는 상처 위에 밤비가 옵니다
어제의 비늘 어제의 비, 나는 창문을 열고
두 손 얼은 채 봄을 떠난 꽃봉오리들 생각합니다
컹컹컹, 개가 비를 부르는 밤

세상 밖으로 간 꽃봉오리들
내 몸을 난타당하는
지금은 밤

일 포스티노의 밤

밤이 왔지만 시는 오지 않고 오지 않는 시를 생각하며 영화 일 포스티노 속으로 빠져든다 시가 오지 않아도 당신이 오지 않아도 좋다 오지 않는 당신을 생각하는 밤이 좋다 초겨울 찬별 뜨는 밤이 좋다 은하 속 은유의 바다로 몸이 빠져든다 빠져든다는 말이 좋다 주인공 마리오가 사랑에 빠져든다 장밋빛 시의 가슴에 빠져든다

    영화 속에서 당신은
    아직도 시가 어디서 오는지 잘 모른다고
    시치미를 뗀다 수영이 그랬듯
    목월이 그랬듯 네루다도 섬도
    시치미를 뗀다
    바다가 쓰는 시 고깃배가 쓰는 시
    노동자가 아직 쓰지 못한 시
    갈매기가 쓰는 시
    세상에는 태어나지 않은 나
    태어나지 않는 시가 별처럼 많다

자전거 바퀴속에 바다가
은빛 몸부림 친다
일 포스티노 보던 아들과 마누라, 바닷속으로 빠졌는지
섬으로 갈매기 따라 떠났는지 조용하다
시는 메타포, 겨울 바다는 겨울 바다를 부르며
섬세하게 부서지고
마리오, 해변을 달리며 은빛 파도로 쓰러지는 밤,
은유여 시의 상처여

첫사랑·1

아직 도착하지 않았다

그녀가 부쳤다는
복사빛 얇은 종이에 쓴 첫 러브레터.

6
길 위의 피아노

즐겨라, 저 봄비
─모짜르트, 환상곡 라단조 K.397

창 밖 시든 풀잎 위, 고요하게 봄비 내리네, 아침 공복 혈당 체크, 당수치가 높다, 내리는 봄비 보며, 오늘 신경과로 갈까 비뇨기과로 갈까, 봄비에게 물어도, 봄비 봄비 말이 없네 생은 선택일까, 선택이 길일까, 봄비에게 물어도 봄비 모른다 하네, 나도 나를 모르고 봄비도 봄비 모른다 하네

─그대와 나를 위한 시간은 있겠지
아직 백번이나 망설일 시간이
백번은 바라보고 백번은 수정할 시간이 있겠지*

고요한 봄비 보며, 오늘 내가 가야 할 시간 물어도, 봄비 봄비 모른다 하네, 생은 단 한번 신이 준 향연, 오늘 향연에 초대받은 그대와 나, 꽃봉오리처럼 피었다 지는 그대 생각에 젖네 지금 즐겨라, 저 봄비!

* T. S. 엘리엇의 「J. A 프루프의 연가」에서 인용.

길 위의 피아노
—온유*에게

골짝 물소리가 희다
아이가 아침의 피아노를 치고 있다
연둣빛 고기떼들, 물살에 따라 휘어진다

별은 뜨겁고 노래는 깊다

갓 낳은 달걀 같은 하루가
내 손을 잡는다
노래가 있어 고맙다 너가 있어 고맙다

노래는 생의 기쁨, 생의 고통
별은 어둠이 있어야 빛나는 법

짙은 눈썹의
왜가리 한 마리
먼 숲을 사무치게 바라보는 아침
아이가 아침의 피아노를 치고 있다

* 현재 독일 쾰른음악대학 영재학교 피아노과에 재학 중인 손녀.

아침의 조문 弔問

경칩날 아침
늙은 탱자나무 울타리 아래
가슴이 붉은 딱새 한 마리
소천했다
가녀린 발목 옹크린 채
무거운 침묵 한 덩이
얼마나 힘겹게 살았을까

두 눈을 감고
어디로 갔을까
지구 한 모퉁이가 고요하다

손바닥에 가만히 올려다 본다
날갯죽지가 뻣뻣하다
죽음은 날개로도 막을 수 없나 보다

잘 가라
무슨 슬픈 일

곧 닥칠 것만 같은
경칩날 아침

여백
―경주 대릉원에서

대릉원은 여백이다

왕들이 떠나고
나도 잡초처럼 어느 날 곧 그렇게 떠나겠지만
오늘은 살아서
그로테스크한 폐허 속을 걸어간다
그로테스크한 하루 속을 걸어간다

포플라 나무 위 저 까치 부부
왕들과 함께 산책중이다
무덤이 말한다
삶은 노루꼬리 보다 짧은 여행이라고

오늘은 잠시
아름다운 푸른색 섬광이 빛나는 별*에 와서
현실과 초현실의 경계를 걷는다
살아서 걷는 이 사소한 즐거움
삶은 아주 짧은 천국이라고

포플라 나무 위 저 까치 부부도
잘 안다
왕릉 옆 흰 구절초도
잘 안다

* 소련 최초의 우주인 유리 가가린이 1961년 4월 12일, 108분 동안 우주선을 타고 지구 궤도 한 바퀴를 도는 데 성공함.

늙은 두루마리 화장지의 고백

화장지의 하늘은 텅 비어 있습니다

해우소에 쪼그리고 앉아

먼 산을 바라보며

더럽게 많이 먹었습니다

고해합니다

나의 허구렁, 다 파먹었습니다

흰 뼈대만 남았습니다

한 생이 다 풀렸습니다

똥!

가을 볕·2

밥은 묵나?

요새 니가 마이 말랐다

창 밖에 꽃이 피었다

우리 좋은 때도 참 많았다

봉래산蓬萊山*

    오랜만에 고향 부산에 갔다 회관 9층, 바다내음 물씬 나는 P 시인 사무실 대형 유리창 너머 내 어릴 적 친구 봉래산이 나를 반긴다 소꿉동무 시절이 납작하게 코흘리며 떠온다 불알친구 추억들, 파노라마처럼 떠밀려 온다

    영도다리 난간엔, 잠간만 참으시오! 팻말, 문패처럼 서 있고 미군에게 학교를 내어주고 천막교실 땅바닥에서 공부하는 꼬맹이들 영도에서 서면 종점까지 개똥벌레 닮은 전차가 윙윙 달리고 하루 두 번씩 영도다리가 물구나무를 벌떡 섰었지 다리 아래 배들, 갈매기 데불고 그림처럼 지나 갔었지 딱지치기 구슬치기에 불알친구들 해 지는 줄 몰랐지

    아, 그때 이쁜 갈매기들 어디로 갔나 그때 그 붉은 구슬 같은 단짝 친구들 어디로 갔나 저물녘, 아득히 밀려오는 추억의 영도 봉래산 그 소년 쩍 푸른 눈썹, 먼 그리움에 잠시 풍덩!

    * 부산 영도의 중심 산.

봄날

 두 달마다 K대 경주병원엘 간다 전립선 고장 때문이다 병원 주차장은 늘 만원이라 장례식장 주차장에 주차를 하고 2층 진료실로 간다 오전 11시, K교수는 친절하게 웃으며 날 맞는다 그런데 K교수의 첫 질문이 재밌다 발기는 잘되시나요?… 희수도 지난 나는 쿨하게 답변을 한다 중요한 질문이기 때문이다 두 달 전에도 그랬고 오늘도 그랬다 진료를 무사히 마치고 병원을 나서니 먼 산엔 연둣빛 신록이 한창이다 나는 건조한 눈에 좋다는 먼산 바라기를 한다 구름 아래 오전 11시, 간병인 여자가 백발의 노인을 휠체어로 밀며 어디론가 간다 한 손에 핸드폰을 쥔 노인이 코발트 빛 하늘을 무심히 바라본다 마스크를 쓰고 찾아온 낯선 봄, 봄이 가고 있다 분명한 건 아무것도 없다 아무것도 없어 텅 빈, 병 깊은 봄이 비명 하나 없이 속절없이 가고 있다 지금 나는 연식이 오래된 낡은 자동차다 덜컹대는 봄날이다 나의 시는 어떤가

오규원의 편지·1
―시작노트

1
춘春에게,
보내온 작품 잘 읽었다.
선線이 좀 굵고, 언어 좀 더 구求하고, 두툴두툴해도 좋으니 신선했으면 좋겠다 소나타sonata를 고쳐서 한꺼번에 작품을 보여다오. 좀 더 너를 알 수 있도록.

1969. 6. 9.

2
어떻게 사는지 궁금하다. 난 요즘 빌빌한다. 먹고 살기위해.
나도 요즘 고전苦戰한다. 시도 그렇고 생활도 그렇고, 아파트는 유지비가 많이 들어 포기하고 조용한 분위기를 찾아 쌍문동으로 내일 이주한다. 시작詩作 건은 방학 때 상경한다니 만나서 얘기하자. 요즘 시단詩壇의 분위기는 우습고, 거의 전장戰場 같다. 좋은 작품 많이 쓰길 빈다.

1969. 8. 25.

3

매번 악평惡評만 해서 미안하다

허나 문학의 사회는 냉정冷靜(?)하고 용서 없는 곳이다. 그런 만큼 작자는 자신의 독보적獨步的인 위치를 찾아야 하는 것이다.(이건 나 자신에게도 해당하는 말이다)

시를 창작創作하는 것이 급한 것은 아니다. 언제나 시를 쓰는 마음이 급해서 시가 시 아닌 〈급한 마음〉의 상태에 머물고 말 때가 많은 것이다.

방학 때 놀러 와라. 건필을,

1969. 9. 3.

*

언어 좀 더 구하고, 두툴두툴해도 좋으니 시어가 신선했으면!
아, 지금도 정신이 번쩍 드는 그 말.

* 오규원 시인이 1969년 무렵 내가 보낸 습작품에 대한 소견을 보내온 편지.

바람의 답안지
—밥 딜런에게

나는
시인처럼 살다 시인처럼 죽을 것이다

기차소리 속에
하모니카 속에
내 고향 미네소타가 있다*

나는 매일매일 먼 곳으로 떠나는 연습을 한다
그래서 매일매일 슬프고
매일매일 기쁘다

지금 멀어지는 것은 내 삶인가 나의 시간인가
바람만이 알고 있다
시인은 고독인가 꽃인가 노래인가
오늘도
생의 무대에서 또 무슨 기적이 일어날지
바람만이 알고 있다

나는
그냥 천천히
시인처럼 살다 시인처럼 죽을 것이다

* 노벨문학상 수상자 밥 딜런(1941~)의 말.

슬픔을 팔아
―이수익에게

오늘 슬픔 좀 팔아야겠다

며칠 전 《현대시》 커버 스토리 찍으러 서울 갔다

H 시인께서 이 동네 근처, 내 친구 이수익 시인이 산다고 했다
갑자기 친구가 보고 싶어 전화를 했다 통화가 안됐다

다음날 아침
친구한테서 문자가 도착했다

―성춘아 이메일 잘 받았다
그런데 나는 귀가 좀 가서 잘 들리지 않는다
그래서 병신病身이다 전화도 잘 못 받고
우리 안부나 잘 전하며 살자

시인께서 병신이란다. 나도 종합병원이다
코 병신 오줌통 병신 관절 병신……
아, 어느새 늙고 병든 내 몸한테

미안하다

삶은 이렇게 속수무책, 슬픔 속에 저문다

법문

논두렁 절 아세요?

유채꽃들 노랗게 웃는 봄날
아파트 방죽길 옆
텃밭 대파들, 생 지나는 소리로 시퍼렇다

코로나 마스쿠스 봄날
벌들은 또 택배기사처럼 부지런히
벚꽃 층계를 쿵쿵거리고
온몸으로 햇살을 나르는
텃밭의 벌과 나비들
사랑스런 친구들

나는 다정한 햇살을 보듬고
텃밭, 벌 나비의 청정한 법문을 듣는다

—하이고,
아무리 하찮은 논두렁 땅에 누워도

그대 맘 편하고 행복하다면 그곳이
바로 아름다운 절간인 것을!*
하이고

* 법륜 스님의 '즉문즉설'에서.

어떤 기도

뒤늦게 예수를 믿고
예수의 삶에 감격해하시는 할아버지 한 분 계셨습니다
예수를 믿은 후부터 그 할아버지의 삶이
확연히 달라진 어느 날
아침 밥상을 들고 온 며느리
"오늘은 아버님께서 식사기도를 해주세요"하고 부탁했습니다
손자들은 고사리 같은 두 손을 모으고
할아버지의 기도를 조용히 기다렸습니다
할아버지께서는 혼자서 기도는 해보았지만
사람들 앞에서 기도한 일은 별로 없었나 봅니다
침묵 속에 잠잠히 계시던 할아버지께서
식은땀 흘리시는 듯하다가
갑자기
큰 소리로 외쳤습니다

"하느님 만세!"*

* 김기식 에세이 「삶이 메시지다」에서 인용.

시를 왜 쓰는가
―김형영 시인께

시를 왜 쓰는가
돈도 밥도 되지 않는 시를
어떤 시인은
잘 살기 위해서
어떤 시인은
놀이 삼아서
어떤 시인은
시를 쓰지 않으면 살아 있는 이유 찾지 못해서
그러나
외우畏友 김형영 시인은
즐겁게 시를 쓴다고 말한다
순진무구한 아이처럼
아장아장 걸어 나오는 시
옹알이 같은 시
죽는 날까지 즐겁게 즐겁게
오
저 홀로 아득해지는!

신의 한 수*

　이른 아침이었다 하늘은 맑게 개어 있었다

　예수는 성전에 있었다 그때 율법 학자와 바리사이들이 간음하다 붙잡힌 여자를 끌고 와 예수께 말하였다
　"스승님 이 여자가 간음하다 현장에서 붙잡혔습니다 모세는 율법에서 이런 여자에게 돌을 던져 죽이라고 했습니다 스승님 생각은 어떠 하십니까?"

　그때 예수께서는 몸을 굽히시어 손가락으로 땅에 무엇인가 쓰기 시작하셨다

　그들이 줄곧 물어대자 예수께서는 몸을 일으키시어 그들에게 말하였다
　"너희 가운데 죄 없는 자가 먼저 저 여자에게 돌을 던져라"

　그들은 이 말씀을 듣고
　나이 많은 자들부터 하나씩 하나씩 떠나갔다**

이른 아침이었다
높은 하늘 끝, 독수리 한 마리 아득히 떠 있었다

* 황창연 신부의 강론에서.
** 요한복음 8장 3절~11절.

청우 聽雨
―스티브 잡스에게

가을 날
파초 잎에 떨어지는 빗소리 듣습니다

오늘이 인생의 마지막 날이라면
나는 무엇을 할 것인가?
아침 거울을 보며 당신은 묻습니다

아무도 죽음은 원치 않습니다
천국에 가고 싶은 사람들조차도 원치 않습니다
하지만
누구도 죽음에서 자유롭지 못합니다
어쩌면
죽음은 삶이 고안해 낸
훌륭한 발명품인지도 모릅니다*

파초 잎 두들기는
빗소리를
청와 보살 혼자

듣고 있는
가을 오후.

* 스티브 잡스의 '스탠퍼드 대학교 졸업식 축사에서 인용.

이승훈의 절명시絶命詩

오탁번 시인의 산문집 『두루마리』를
침침한 눈으로 읽다가
정신에 불이 번쩍 오는
이승훈 시인의 절명시를 만난다

검은 상복 입은 미망인이 말했다
그이가 숨 거둘 때
―이제 알겠어!*라고 하더군요

승훈이 마지막 말
이제 알겠어……
아아
비백飛白의 절명시絶命詩여

시인의 절명시 앞에서
나는 말 할 입이 없다
오,
시는 언제 완성되는가

* 오탁번의 산문집 『두루마리』에서 인용.

한 사람

쉬지말라 인생은 햇살처럼 지나가 버린다―괴테
에디뜨 삐아프*

심장을 역류하는 듯
그녀가 부르는 '사랑의 찬가'는 애절하다
마르셀은 그녀의 애인, 유럽 헤비급 권투 챔피언

권투 시합을 마친 마르셀은 그날
뉴욕행 비행기에 오른다
그녀를 만나기 위해서다

그런데 세상에!
마르셀 세르당이 탄 비행기가
대서양 한가운데서 바다 속으로 추락하고 만다

그날 밤
애인의 비극적 소식을 접한 에디뜨 삐아프
비통한 심정으로 무대에 올라
관중들에게 조용히
말한다

오늘 밤은 마르셀 세르당!
당신만을 위해서 노래하겠습니다
내 사랑
오직 당신만을 위해서!

* 프랑스의 신화적인 샹송 가수로 47년 사는 동안 세 번의 결혼을 함. "나는 연애를 많이 했지만 단 한 사람 밖에 사랑하지 않았다"고 고백함. 그 한 사람은 유럽 헤비급 챔피언 마르셀 세르당으로 비행기 사고로 사망하자 그를 위해 부른 영혼의 노래가 '사랑의 찬가'이다.

풀꽃 하나에 대한 소소한 생각

들길을 걷다보면 이름 모르는 풀꽃들 참 많다
저 꽃 이름, 뭐더라?
옛날에는 야생화 도감 뒤져가며
꽃 이름 하나하나 부르기도 했었지

그러나 시간이 속수무책으로 흘러간 지금
풀꽃들 이름 모르면 모르는 대로*
담담히 지나기로 한다

세상의 그 많은 풀꽃들, 이제 조용히 바라보면서
그냥 꽃!
하나면 충분하다

새벽 산책길
1101동 1108동 주차장 근처
엘리베이터에서
처음 보는 섬의 풀꽃들
온몸, 이슬에 묻은 지상의 잎새들 만난다

이름도 모르는
고통처럼 찬란한 풀꽃들,

어디선가 속수무책 늙어가고 있는.

* 신승근의 시 「이름 모르는 풀꽃」에서 인용.

요즘도

사람들 무심코 인사치레로 던지는 말
요즘도 시 쓰세요?
그 말
왜 그 말에 가슴이 뜨끔, 해올까
잡문 같은 시 쓰지 말고
당당하고 꿋꿋한
푸른 잎사귀 같은 시 쓰라는 말

사는 건 언제나 시행착오의 연속이었고
그래서 시를 썼다
시를 써도 아무것도 해결되는 건 없지만
모래알 같은 흐름 앞에서
살아 있는 햇빛을 사랑하고 또 황홀해 하며
푸른 잎사귀 같은 시, 썼다 또 지웠다

너, 당당하고 꿋꿋한 시
어디서 한눈팔고 놀고 있는지
오늘도 사람들 무심코 던지는 말

심장 한쪽이 뜨끔, 해지는
요즘도 시 쓰세요?

실감

청마 목월 대여가 거쳐간 자리
한국시의 위의威儀
한국시인협회 회장에 추대된
풀꽃의 시인께
축하 메시지 보냈더니
잘 여문 벼 이삭 같은 시인의 메시지
도착했습니다

―김선생님, 우리가 이제
몇 사람 남지 않았습니다
남은 날들
열심히 살고 싶습니다*

앗뿔사
우리가 벌써 노경老境?
어영부영 벌 받는 기분으로 살아 온 생生
정신이 찔렸던 하루
그래 남은 생, 오늘 하루 충만히

시 포기하지 않기!

* 나태주 시인의 말.

봉쇄수도원

카르투시오 봉쇄수도원 수도사가 말한다

날마다 나는
죽는 연습을 합니다
3초 뒤,
내가 죽는다는 생각을 합니다
그렇게 세상 속에
매 순간
나를 항복시키는 연습을 합니다

만약
3초 뒤, 내가 죽는다면
내가 죽는다면
어찌 남을 미워할 수 있겠습니까
어찌 당신을 사랑하지 않을 수 있겠습니까

오, 3초 뒤 3초 뒤
놀라운 신의 시간

영원히 망가지지 않는
나를 채찍질하는
신神의 3초.

생, 이대로 굉장하다*

바람 부는 날 경주 아랫시장 여여심如如心 보살 만나러 간다 막걸리집에서 막걸리 마시다 일어선다 나이가 드니 모두가 친구다 대릉원의 까치도, 어제 만난 옛 기왓장도, 게이트볼 친구 팔순의 김영감도 친구다 나이가 든다는 것은 포기할 것은 빨리 포기하고 준비할 것은 미리 준비할 줄 안다는 것, 세월도 풀잎도 슬픔도 모든 것은 다 떠나가는 것, 모든 것이 물거품 같고 수수께끼 같고 눈물 같다 수수께끼 같아서 살아 볼만한 오늘이고 내일은 분명히 오고, 오늘의 물소리는 오늘의 물소리다 점쟁이집 문을 연다 뭐 하러 왔어? 팔월에 큰 비를 만나겠어, 큰 비? 눈비 없는 날이 어디 있을까, 복채? 놓고 싶은대로 놓고 가, 여여심 보살, 구름에 대고 말하네, 먼 하늘가 헬리콥터 한 대, 소리도 없이 떠가는 여름 오후.

* 조셉 캠벨의 『신화의 힘』에서.

슈크란 바바*
—고 이태석 신부 생각

살아있는 예수는 아프리카 수단 땅 한센병 환자들을 치료하고 있었다 아이들에게 트럼펫과 클라리넷과 드럼을…… 혼자서 다 가르치고 '사랑해'를 브라스밴드로 지휘를 하고 있었다 총탄에 맞아 피 흘리는 청년의 다리를 치료하고 있었다 깊은 밤에도 멀리서 찾아 온 할머니 환자를 웃으며 돌보고 흑인 아이들에게 수학을 가르치고 있었다 어디서나 그는 가장 낮은 사람의 아들이었다 어디서나 그는 잘 웃는 사람의 아들이었다 말라리아에 걸려 배가 불뚝 나온 어린이를 돌보고 있었다 행복이란 감사하고 기뻐하면서 사소한 작은 것들에 있다고 진실로 진실로 이웃에게 말하고 있었다

* 고 이태석 신부가 작사·작곡한 곡.

오늘
―박윤우풍으로

　검진 결과가 나왔다 유소견이 쏟아졌다 상복부 전립선 경동맥 초음파들 빨간 줄 투성이다 처음부터 그랬다 빨간 줄을 보고도 놀라지 않는 나를 내 등 뒤에서 내가 자꾸 훔쳐 본다

　낮잠을 자고 일어나, 오늘이 며칠이더라 아침에 변비약 먹었나 안 먹었나 곰곰 생각했다 운동 삼아 자전거를 탈까말까 망설이다가 내가 나를 태운 채 아파트와 함께 아파트를 몇 바퀴 돌았다

　시내 나갔다가 현곡행 버스를 놓친 나, 승강장에 멍하니 서 있고, 제 시간에 도착한 나, 좌석버스에 앉아 편안히 벨트를 매고, 창밖에 나를 열어 둔 채 구미산도 보고 터진 황금들 옆구리도 슬쩍 보면서

　내가 나를 탐구하는데 오늘도 실패를 한다 오늘도 실패하시겠습니까? 어제의 내가 오늘의 나에게 곁눈으로 핀잔을 준다 실패가 누구 집 아이 이름입니까 그렇게 쉽습니까 말도 안 되는 질문을 유튜브가 한다

어제의 점点과 내일의 점点은 연결돼 있다 이쪽의 나와 저쪽의 내가 점으로 서로 안다, 점끼리 의자에 앉아 커피를 마신다

　낮에는 점들이 떨어져 있다 밤에는 하나가 된다 옛날에도 그랬다 내게 밤이 된 점이 점일까 점이 된 밤이 나일까 선반 위에 앉은 밤이 밤에게 묻는다

손열음이 말했다

피아니스트 손열음이 대단한 건
뜨거운 걸 냉정하게 읽어낸다는 거야
그래야 진짜 뜨거운 게 나오지*

냉정하면서도
계산적이지 않고
뜨겁게 느낀다는 것
클래식 연주에서 무척 어려운 균형이죠

클래식 연주는 무대에서
무슨 일이 일어날지 아무도 모르죠
연주는 살아있는 생명체니까
지나치게 분석적으로 접근해도
생명력이 도망가죠

그러니까
냉정하면서도 치밀하게 접근해야 하는 클래식은
집중 속에서 가장 찬란한 별이 되죠

무지개보다 찬란한!

* 드라마 〈밀회〉에서 김희애씨가 피아니스트 손열음씨에 대해 한 말.

까르페 디엠

나는 영화 '죽은 시인의 사회'
키팅 선생을 좋아 한다
키팅 선생은 시인이다

키팅 선생이
첫 수업 시간을 마친 후
학생들을 데불고
학교박물관으로 간다

그곳에서
100년 전에 찍은
지금은 세상에서 먼지처럼 사라진
제1회 졸업생 선배들, 운동 후에 땀 흘리며 찍은
기념사진 한 장을 보여주며,

조 용 히 말 한 다
까르페 디엠!*

* 라틴 말로 '오늘을 잡아라'는 뜻.

경주 대릉원에서 · 2

세상의 모든 비극은
때론 아름답다

저 왕릉들

때론
얼어붙은 음악이다

7
들오리 기차

희망의 정석*

지금 있다. 내 가방 속에는

생수 한 병,
노바스크 한 알, 그리고 새소리 두 알
읽다 만
가을 하늘 몇 페이지
봉인된 쇼스타코비치 피아노 에튀드

이것만으로
나의 하루는 충만하다

두 손에 희망을 정중히 들고

신神의 앞으로!

* 2016년 작품을 개작함.

꽃의 뒤
—월성에 묻힌 사람*

언제였을까 그날이
왕궁에 벚꽃이 도착하던 화사한 봄날이었을까
시나브로 단풍 지던 가을날이었을까

누구였을까 그 두 사람

무너지지 않는 영원한 사랑의 왕국을 기원하며
순장殉葬을 택한
이름 없는 무지렁이 백성이었을까
죽음 앞 둔 비극의 사형수였을까

알 수 없어라
성벽 아래 흩어진
천년의 저 허공 한 줌
우주 끝으로 캄캄하게 걸어 간
타버린
모닥불 흔적 같은

저
꽃의 뒤

* 2017년 10월, 경주 월성 발굴시 서쪽 성벽 아래 순장당한 인골 두 구가 발견됨.

잘 못 쓴 주소

내가 좋아하는 유병근 시인께서
시집을 보내 왔다
'꽃도 물빛을 낯가림 한다'
시집 잘 읽겠습니다
그런데
편지 겉봉에 쓰인 집 주소가 엉뚱하다

〈경북 경주시 박물관, 선덕여왕 능 옆 김성춘 시인께〉다

와, 선덕여왕 능 옆이라니!
우주의 주소다
지혜로운 여왕님께서 동네 주민이라니!

그런데, 잘 못 쓴 주소
배달 사고 없이 용케도 주인 찾아 왔다
우리나라 좋은 나라 참 살기 좋은 나라

시인이 잘 못 쓴, 그 꽃자리 주소

보름달처럼
잘도 내게 굴러왔다
보름달처럼

들오리 기차

해질 무렵, 10량짜리 KTX 기차가 산모롱이를 돌아 사라졌다
나는 방죽길에 서서 오지 않는 내일을 기다렸다

아파트 방죽길을 걷다 벼가 시퍼런 여름을 한참 바라보았다

갈숲 사이로
음악 같은 들오리 한 쌍이 내게 손을 내밀었다

나는 잡목과
허공의 손을 잡고 헤엄치는 들오리 한 쌍의 눈을 오래 바라보았다
눈이 깊었다

70대 노부부 같은 황혼
들오리의 어깻죽지까지 내려와 있었다

10량짜리 삶이 지나가는 소리가 벼 포기마다 싱싱했다

나는 잘 못 산 시행착오 앞에서
고아처럼 서성거렸다
아무리 생각해도 먼 곳이 가까웠다

괴롭기도 하고 기쁘기도 했던 구름 아래 시간들
들판의 먼 아지랑이 같은,
구름 아래 슬픈 음악 같은,

연옥煉獄, 봄

오늘도 무인지경인 나의 육신肉身
날마다 한 주먹씩 알약 삼킵니다
아니, 독약毒藥 삼킵니다
5월, 푸른 햇살 룰루랄라 산길을 가는데

아뿔싸,
똥이 마렵습니다

청설모 한 마리
무심한
척,
지나갑니다

사랑하다 간절하게 떠나간
나의 봄,
생의 계곡은 갈수록 어둡고
지나간 봄은
이미 봄이 아닙니다

5월 푸른 햇살 아래
한 주먹씩 독약 삼킵니다
아뿔싸,

나비와 이슬

부서지기위해 이 꽃에서 저 꽃으로
휘적휘적
앞으로도 흐르고
거꾸로도 흐르고
접었다가 펼친다

먼 곳으로부터 와
반짝이는 아침의 저 창窓들 좀 봐
얼핏, 환상적으로 왔다가
허공의 한 소실점으로 사라진다

오늘도 가슴 한쪽이
사금파리처럼 깨진다

무수히 접었다 펼쳤다 가는 하루
가짜일까 진짜일까
앞으로도 흐르고
거꾸로도 흐르는 시간

막막하게 서 있는 내가 보인다

눈부시게 왔다가
허공의 한 소실점으로 사라지는
기쁨과 슬픔이 반반씩 섞여 있는
오, 텅빈 저것들

2월

보너스 달이다
잃어버린 신정新正 한 달 새롭게 만회하는
새 다리다
작심삼일일지라도 숨통 트이는 달
입춘이 지난 구정 아침
새소리가 봄동 이파리처럼 파릿파릿하다
다시 시작 해보는 나의 트럼펫 연습
방구석에 쌓인 잡동사니들 다시 버린다
자동차 조심조심
아침헬스 열심열심
당신에게 용서받기 전에
내가 먼저 당신을 용서하기로 한다
자,
2월에게 먼저
꽃 한 잔!

홀로 있는 청개구리가 아름답다

며칠 전이다
집 식구 청와 보살이 밤새 사라졌다가
한로寒露가 지난 오늘 아침
마실갔다 돌아오듯 다시 돌아 왔다
반가웠다 이쁜 내 손녀처럼
파초 잎 문구멍으로 살며시 들여다보니
백만 불짜리 가을 햇볕을 데리고
젖은 몸 말리고 있다
뜨거운 심장과 함께 허공과 손잡고 있다
기적 같은 하루가 힘겨운가보다
홀로 있는 청와 보살이 아름답다
가슴이 뛰고 있어 아름답다
병 깊은 몸이다
기적 같은 하루가
나의 적敵이다

비밀·2

알 수 없어라 신의 음성
한국인 최초로 쇼팽 콩클에 1등한 피아니스트 조성진에게
기자가 물었다
피아노 연주를 할 때 무슨 생각을 하느냐?고
그가 말했다
아무 생각도 안 한다고
그냥 노래만 따라 간다고
그 노래의 외길만 따라 간다고
그의 대답도 연주처럼
투명했다

또 어느 날 같은 질문을
피아니스트 손열음에게 물었다
그녀의 대답도 연주처럼
깨끗하고 투명했다
나를 완전히 잊어버린다고
나를 완전히 잊어버리고
노래만 따라 노래의 오솔길만 따라 간다고

그렇다
집중 또 집중만이 신의 음성이다

알 수 없어라 세상의 모든 음악
아직도 나를 목 빠지게 기다리게 하는
첫사랑의 황홀한 비밀

하이고!

폰 끼고 아침 산책길, '즉문즉설' 듣는다
새들도 애기똥풀꽃도 깔깔거리며
함께 듣는다
길 잃은 새와 짐승들, 스님 광狂팬들
얼굴 가리고 듣는다

예수를 만나면 예수를 죽이고
부처를 만나면 부처도 죽이세요
'즉문즉설'이 깊은 산문山門을 민다

    하이고…… 신경 끄세요
    하이고……
    그런 걸 중한테 물으면 어떻게 해요 하이고

당신도 모르고
나도 모르는 머나먼 스와니강
깊은 강 아무도 몰라요 하이고

오늘은 오늘의 장미가 지상의 등불이고
내일은 내일의 태양이 당신을 자유케 하리니
하이고 하이고!*

* 법륜 스님의 인생 상담 프로인 '즉문즉설'에서.

막달레나 아바카노비츠*에게
―등

내가 당신의 전시장에 갔을 때 경주 지진 참사 1주년이었다

전시장엔 목 없는 사람들이
줄지어 등만 보이고 앉아 있었다
세상의 꽃은 모두 등이 젖어 있었다

국립경주박물관 뒷뜰 마네킹 닮은 목 없는 돌부처들
어제와 똑 같은 길 위의 사람들
지진이 왔다 가도 진실은 보이지 않고
젖은 등만 환했다

젖은 등과 등 사이
이슬이 왔다 가는 길이 잘 보였다
당신이 사랑하는 섬엔 오늘밤도
해독하기 어려운 파도소리만 높고
목이 없는 사람들
당신의 젖은 등 사이로 잘 보였다

* 폴란드 출신의 조각가

말의 내면
―쓸쓸해서 따스한

"밥이나 한번 같이 먹자"
쓸쓸해서 오히려 따스한
이 말,
세상에 또 어디 있을까?

사랑받고 싶은 날들
죽는 그 날까지
누군가를
사랑해서 술 마시고
누군가가
그리워서 아파하다가

그리고 또
"밥이나 한번 같이 먹자"
쓸쓸해서 오히려 따스해지는
이 말,
세상에 또
어디 있을까?

콜 니드라이*
―막스 부루흐에게

저녁이다
당신의 슬픈 음악이 나는 좋다
길은 점점 어둑어둑해 오고
나는 어둑어둑해 오는 방죽길 따라
혼자 걷는다 오지 않는 별을 기다리며

나는 황혼 앞에서 아무것도 아니다
아무것도 아니기 때문에
아무것도 바라지 않는다
아무것도 바라지 않는다는 것은
당신의 음악처럼 슬프다 아니 슬프지 않다
당신은 당신의 음악을 들으며 한 사람이
죽었다는 사실을 기억하는가
아름다운 음악을 들으며 한 사람이 죽었다
어제도 그랬고 옛날에도 그랬다

저녁이다
둥근 저녁이다

첼로가
흰별의 맨발을
간곡하게 간곡하게 어루만지고 있다
하늘이 점점 더 어두워 오고, 나는
저무는 방죽길에 서서
오지 않는 별을 기다린다
저녁이다

* 유대교에서 속죄의 날 저녁에 교회에서 부르는 성가로 '신의 날'을 의미함.

달의 뒷면

어머님이 돌아가신지 사십 년

형님은 지금 요양원에 계신다

어제는 요양원에 형님을 찾았다

갈 때마다 여위어지는 달의 가슴뼈

마른 장작 같았다

침대 끝에 딱 붙은 찌그러진 저 달

나를 배웅도 하지 못한다

돌아오는 시외버스 차창

배웅도 못한 달의 뼈가 흐리다

저 달,

나는 아직도

달의 뒷면을 모른다

금동반가사유상

한 사내 아이가 골똘히 한 꽃송이 피우고 있다
가늠하기 힘든 미소다 가늠할 수 없는
저 미소 따라가면 언제쯤
인간의
집에 가 닿을 수 있을까

생을 완성한 아니,
아직 생을 완성하지 못한 한 사내 아이가 골똘히
한 생의 끝을 잡고 미지의 숲으로 가고 있다
인간의 집으로 가고 있다

저 반가半跏의
수평선 한 쪽에서
가끔
헐렁한 파도소리가
출렁거리다
간다
남몰래

가슴 한 켠에 걸어두고 싶은
황홀한 반가半跏의 미소여

거미

1
들길을 걷다가
고개 숙인 벼와 벼 사이
누가 그물을 짜놓았다

노련한 어부는 어디 갔는지
보이지 않고
파도소리도 들리지 않는다

2
그는
타고난 사냥꾼
탁월한 건축가
그가 만든 집은
인간의 어떤 집보다 견고하다
공해도
쓰레기장도 없는 전원주택

누가
그에게 건축사 자격증을 줬을까?

봄날

목련꽃 환하게 핀 봄날 오후 운전면허 적성검사하러 시 보건소 간다 아가씨 말한다 지금 말하는 문장 따라해 보세요 "철수는 자전거를 타고 공원에 가서 11시부터 야구를 했다" 나는 앵무새처럼 문장을 외운다

"철수는 자전거를 타고……"
(기억이 잘 나진 않지만 이런 질문도 있었다)

"물레방아를 거꾸로……"
"채소……"
"이 그림은……"

그런데 아, 그런데
매일 보는 물건 이름 하나가 갑자기
이름이 떠오르지 않는다 갑자기!

목련꽃 환하게 핀 봄날 오후

마이클 잭슨의 거미

1
아침 거미 숨죽이고 있다 사냥꾼 자세다
그대여
생은 날마다 전쟁이다 아니
날마다 당신과 나의 축제의 장이다

2
내가 좋아하는 마이클 잭슨은 거미를 좋아했다
마이클은 왜
동물원을 만들어 거미를 키웠을까
달빛을 타고 춤을 추듯 문 워크
춤꾼 거미의 걸음을 공부하기위해?

모르겠다 내일 아침
거미에게 직접 물어봐야겠다

연미사에 갔더니

안동 연미사에 갔더니
신발 벗는 댓돌 위 주련께서 한 말씀 허신다
조고각하照顧脚下!
무슨 어르신 부르는 말씀은 아니고
내용인즉슨
발 아래가 바로 천길 벼랑일 수도 있으니
발 아래를 잘 살피지 않으면
낭패당하기 십상이라는 말씀
조그만 돌멩이 하나에라도
지푸라기 하나에라도
온 마음을 집중해 잘 살펴 걸어가라는 말씀
옳거니!
오늘 대문을 나설 때 깊이 새겨야 할
시퍼런 도끼날 하나

가랑비, 경주, 천관녀
―이승훈풍으로

경주는 가랑비 천관사도 가랑비 당신도 가랑비 가랑비 내리는 오후 폐사지 찾아 떠나네 가랑비 젖는 경주가 좋아 저 혼자 젖고 있는 폐사지가 좋아 사천왕사 지나 눈물 같은 절 중생사 지나 먹구름 지나 모래바람 지나 떠나간 천관녀 찾아 나 떠나네 저 혼자 울고 있는 천관사 천관녀는 울면서 어디로 떠났나 칼로 애마를 친 유신도 정신을 잃고 어디로 떠났나 풀잎 같은 그리운 새들 모두 어디로 갔나 폐사지에는 봄에도 하얀 눈발 날리고 흰 눈발 속에 당신의 흰 맨발 가랑비 속에 떠오르고 자꾸만 자꾸만 울고 싶어지는 경주의 봄날

|작품론|

존재의 연안沿岸에 닿는 슬픔들

권주열 시인

0. 프롤로그

김성춘 선생님께서 당신의 시선집 뒤에 붙일 글 한 편 써주면 좋겠다고 전화를 했다.

결코 물리적 체적밀도로 환산될 수 없는 등단 50년이 넘는 시력의 내공을 감당할 수 있을까 하는 불안이 먼저 스몄다. 전화를 끊고나니 지난 시간들이 주마등처럼 흐른다.

《시와반시》(2019년) 봄호에 김성춘 선생님을 모시고 대담한 적이 있다. 그때도 언급한 기억이 있지만, 선생님과 인연은 각별하고 오래 된 셈이다.

나의 등단 작품평뿐 아니라, 첫 시집의 해설을 기꺼이 써주셨다. 거기서 더 기억의 더듬이를 늘어뜨리면, 나의 고교 시절까지 이어진다.

쓸쓸했다. 틈만 나면 어느 구석에 숨어 울고 싶은 생각뿐이었다. 하지만 내색치 않았다. 오히려 주위에 더 명랑한 모습을 보여

주려고 애썼다. 체육 시간이나 교련 시간에 텅 빈 교실에 홀로 남아 가방 속의 시집을 꺼내 읽곤 했다.

그 가방 속에 국어 책과 함께 늘 끼워 들고 다녔던 책이 선생님의 시집 『방어진 詩篇』이었다. 지금 꺼내보니 오랜 시간 속에 페이지마다 일정한 간격으로 박힌 실밥이 헐거워지고 표지는 아래쪽부터 누렇게 바래진 채 발라진 풀이 덜렁덜렁 일어나고 있다.

바닷냄새가 아직도 짭조름하게 묻어나는 시편 속에 특히 「바하를 들으며」는 내 울음을 토닥이며 나의 젊은 날을 고요히 손잡아 주었다.

  안경알을 닦으며 바하를 듣는다.
  나무들의 귀가 겨울쪽으로 굽어 있다.
  우리들의 슬픔이 닿지 않는 곳
  하늘의 빈터에서 눈이 내린다.
  눈은 내리어 죽은 가지마다 촛불을 달고 있다.
  聖 마태 수난곡의 一樂句.
  만리 밖에서 종소리가 일어선다.
  나무들의 귀가 가라앉는다.
  今世紀의 평화처럼 눈은 내려서
  나무들의 귀를 적시고
  이웃집 그대의 쉰 목소리도 적신다.
  불빛 사이로
  단화음이 잠들고

누군가 죽어서 지하층계를 내려가고 있다.
—「바하를 들으며」 전문

1. 따뜻한 슬픔

공간이 데카르트적 논리와 추상이 스며든 다소 물리적 범위라면, 장소는 인간 실존이 외부와 맺는 유대를 드러내는 동시에, 인간의 자유 실재성의 깊이를 확인하는 방식으로 인간을 위치시킨다[1]고 했다.

즉, 장소는 개인의 구체적 체험이나 역사성 혹은 사적 비밀을 담아 두었을 법한 추억이 서린 영역이라고 볼 수 있는 것이다.

화자는 일생 바다를 시적 장소로 두고 있다. 왜 하필 바다일까. 바다는 있음과 마주하는 게 아니라 없음의 형태로 나타나는, 그 자체로서의 공백(상실)[2]이다.

어디나 중심이면서 그 어디에도 둘 데 없는 상실감의 기표가 바다만큼 잘 드러나는 곳이 없을 것이다. 그런데 바로 그곳이 화자에게는 언제나 어머니의 모습으로 잠긴 그리움이다.

어머니는 과거시제로만 머물러 있지 않고 그 넉넉함만큼이나 텅 빈 바다로 현재를 채우고 있다.

화자의 시를 읽다가 문득 롤랑 바르뜨의 『애도 일기』를 떠올린

---

[1] 하이데거의 말을 인문지리학자 렐프가 인용함.
[2] 알랭바디우의 『존재와 사건』, 새물결, 76p.

다. 어머니를 여읜 상실감에 대해 쓴 이 책에 '비타노바'(Vita Nova)라는 표현이 나온다. 여기에서의 '새롭다'는 뜻은 과거를 훌훌 털고 새롭게 출발하려는 의도와 관계없다. 단지 이 전과 달라진 세계를 감내해야함을 자각하는 것으로, 기존 슬픔에 구멍을 내는 작업인 것이다.

화자 또한 그 상실의 슬픔을 단순히 봉합하거나 다른 풍경으로 쉽게 갈아 치우지 않는다. 오히려 그 공백의 출현을 마주하고 따스하게 껴 앉는 방식을 택하고 있다.

나는 '바다를 듣습니다' 물은 생명이고 어머니입니다. 한자 바다 海 속에는 '어머니'가 들어 있습니다. 바다는 모성입니다. 천의 이미지를 갖고 있습니다. 어머니, 사랑, 욕망, 고통, 죽음, 허무…… 나는 다양한 물의 이미지 변주를 사랑합니다.3)

어머니의 푸른 치마처럼 오륙도 앞바다가 펼쳐졌다

얼굴이 납작한 굴딱지 지붕들

절영도 영선동 그 골목집

등잔 아래 그늘처럼 깔리는 어머니 흐린 목소리

---

3) 《시와반시》 2019년 봄호.

자갈치 시장 낮은 뱃고동처럼 내 안을 철썩이던 그 골목집

코가 납작한 고무신짝들 하늘에 둥둥 떠 잠들고

지금도 내 안을 철썩거리며 잠들지 못하는 그 골목집 파도 소리

어머니 푸른 치맛자락 구겨지는 소리 들리는
문득 가고 싶은,
―「골목집―고향」 전문

  화자의 초기 시편들의 바다는 대체로 천진하고 청진하게 묻어난다. 좀 더 짚어보면 이러한 바다의 특성에 공유된 원소들인 상실의 조각들은 제가 부재한 것도 모른 채 반짝인다. 화자의 이런 부재는(「바하를 들으며」) 장엄한 존재적 깊이로 파고들기도 하지만 시편 곳곳에서 볼 수 있듯이 "흑도미, 망성어, 쥐치들이/씹다 버린 바다"(「방어진 바다·2」)이거나, "털어도 털어도 따라오는 바다 안개와/난파당한 생애 한 통./옆구리에 끼고/기적 같은 하루를 사랑하며 걸어가는"(「바다 연습」) 명랑한 동심의 이미지로 변주됨으로써, 넉넉한 이웃 아저씨 같은 슬픔의 손을 잡고 순진무구하게 따라붙는다. 그것은 애도를 애도 그 자체로 빠뜨리지 않고 자신만이 알고 있는 아픔의 리듬으로 슬픔을 건져올리는 화

자만의 시적 절차인 것이다.

1
바다가 마을 가까이
풀밭까지 와 있다.
물빛 파르스럼한 음악이 들리고
햇살 하나가
죽은듯이 풀잎 속에 엎어져 있다.
바다가 흔들어 주면
마을 근처에 살고 있던 풀꽃처럼
일제히 방울 소리를 낸다.

2
밤이면 바다는
음파 몇 소절을 데리고 마을 근처로 내려온다.
풀밭 가까이 바다가
노래미 새끼만한 어둠을 끼고
싱싱한 풀내음을 풍긴다.
바다의 살 끝에서
아이 몇몇이 동요를 부르면서
환각의 방울을 흔들어 댄다.
　—「바다가 마을 가까이」 전문

화자가 지각하는 사물은 대부분 시각보다 소리쪽으로 많이 굽어 있다. 바닷가를 지나다가 해변에서 알알이 부서지는 파도를 보면서 그것이 "바다 살 끝"에서 튕겨 나오는 "방울소리"로 듣거나 때론 "수평선에 전화를 건다"(「간절곶 등대」)처럼 바다 끝을 길게 잇는 수평선이 청각적 도구가 되거나, 동쪽 하늘에 붉게 해가 떠오르는 장면을 "어디선가 황금빛 트럼펫 소리"(「해뜰 무렵·2」)로 듣는 등등 다 헤아릴 수 없을 정도다.

보는 것과 듣는 것의 차이는 뭘까. 진동이 공간으로 전파될 때 진동수에 따라 색이 달라지는 것과 음이 달라지는 것을 감지하는 것이다. 오랫동안 교단에서 음악을 가르친 화자의 유별난 청각적 감수성은 공간으로 퍼지는 빛이 소리의 파동으로 치환되고 있다.

2. 명징한 슬픔

울산 바닷가에서 경주로 정착한 이후 화자의 시편들은 더 다양해지고 활달해졌다. 바다와 사막이 전혀 별개의 모습이지만 광활하게 펼쳐진 넓이 위로 풀 한 포기 없는 황량함과 텅 빈 상실을 공통 분모로 한다. 죽음은 상실의 퇴적된 지층이다. 물에서 뭍으로 건져 올린 화자의 시편들은 얼핏 그 공통분모를 지워버린 듯, 가령, 바다를 비추던 달이 이제 경주의 한 동네 시냇물 위로 "맨발(「남천 물소리」)"로 지나가거나 "내가 좋아하는/경주 남산 냉골 부처님 눈썹(「달을 듣다·4」)"이 되고, "첨성대 앞 찻집에서

차를 마시고 밖으로 나왔을 때/푸른 유방 사이로/유리 구슬이 밤을 내려다 본다"(「달, 소스라치다」)에서 보듯이 경주라는 표식이 나타내는 묵직한 죽음과 달리, 화자는 더 이상 그곳에 애도의 공간을 남겨 두지 않은 것 같았다. 사건에 개입되지 않은 다수의 존재는 장소의 긍정으로 이어지고, 쾌활했고 넉넉해 보였다. 하지만 시간을 두고 꼼꼼히 읽어나갔다. 그게 아니었다. 화자는 그 깊이 속에서 공집합으로 남은 존재의 슬픔을 꺼내고 있었다. 명징한 슬픔이었다.

　　물소리 하나 이승을 떠났다
　　물소리가 새 한 마리와 잘 놀다 떠났다

　　푸르고 싱싱한 물소리
　　佛日庵에만 있는 게 아니었다
　　지하도 입구에도
　　버스 정류장 근처에도
　　뒷골목 동네가게 앞에서도 그 물소리
　　또렷하게 잘 들렸다

　　이승을 떠나는
　　물빛 옷자락 사이로
　　물소리와 새소리가 잘 보였다
　　흰 맨발 뒤집어 보이며
　　하얀 덧니 반짝이며

숲속에서 살랑이는 나뭇잎의 몸짓으로
푸르고 싱싱한 물소리

가난한 사람들의 뿌리를
적시고 또 적셨다

물소리 하나
난초 꽃 향기로 가득한 봄날
온 들녘이
한창 눈부시다
　―「물소리 천사―그의 全身은 물이었다」전문

　화자는 이승을 떠나는 것이 특이하게 물이 아니고 '물소리'라고 말한다.
　물소리는 어떻게 죽는 것일까 싶어 화자의 시를 몇 번이나 따라나섰다. 화자의 죽음은 바다, 혹은 특정한 장소에만 있는 게 아니라 어디에나 있다. 죽음이 흐르고 죽음이 소통되고 있다. 이 물소리는 순수 다수(비정합적)의 목소리로 모든 집합의 부분집합으로서의 공집합으로 볼 수 있다. 이 목소리 안의 공백은 추이적으로 죽음이 이웃에게 안부를 묻듯 가난과 마주하기도 하고, 들판을 싱싱하게 가꾸고 있다.
　화자의 죽음은 더 이상 '일자'의 슬픔으로 굳어지거나, 어둡고 낡은 상실의 지층에 더 이상 숨죽여 있지 않다. 죽음은 하나의 흐름으로, 스스로의 사라짐을 계속 발생시키는 소리로 촉성되고 있다.

> 짙은 눈썹으로 밤새가 운다
>
> 어린 별들의 몸이 뜨겁다
>
> 밤의 열 손가락 끝, 새의 맨발이 만져진다
>
> 울음은 언제나 뜨겁고 슬픔보다 깊다
>
> 내 발목에 초사흘 달, 푹푹 빠진다
>
> 달의 잎사귀에 푸른 음악이 묻어난다
>
> 별의 몸은 부서지지 않고 반짝인다
> ―「천사」 전문

 밤새는 왜 우는 걸까. 별의 몸은 왜 뜨거운 걸까. 초사흘 달에 발목은 왜 푹푹 빠지는 걸까.
 울음이 슬픔보다 뜨겁다면, 아직 슬픔으로 식지 않았기 때문일까. 또한 울음이 슬픔보다 깊다면 그것이 심연에서 건져올려졌기 때문일까.

화자는 이 시에서도 존재의 슬픔을 시시콜콜 설명하거나, 언어적 맥락화로 매몰되지 않고, 아름다운 동화의 표지처럼 간결하게 보여주고 있다.

3. 슬픔 혹은 여백

마르크 오제가 언급하는 비장소성, 거긴 정체성이나 서사가 깃들기 힘들다. 그곳은 대체된 인공물이나 고속도로나 공항처럼 모두 스쳐 지나가는 익명성으로, 과거의 시제는 없고 현재로 이어지고 있다. 그렇기에 그곳은 자신을 붙박아 놓을 수도, 또는 자신의 이야기를 담을 공간이 없다. 하지만 화자의 시에 나타나는 비장소성은 그런 방식으로는 결코 설명 될 수 없다. "오늘은 무슨 요일, 하늘은 낡은 청바지 색깔/처음 보는 이국의 간이역이다/손녀가 할아버지 할머니를 부른다/고장 난 수도꼭지처럼 철철철 눈물이 흐른다(「천국보다 낯선·4」)"거나, 그곳은 오히려 주체에 의해 통제됨 없이 "모가지도 슬픔도 베어 버리고/불편한 사랑도 아주 베어 버리고(「국립경주박물관의 목 떨어진 불상」)"처럼 관계의 부재가 유지됨으로써, 제외된 것의 취소할 수 없는 여백으로 남는다.

대릉원은 여백이다

왕들이 떠나고
나도 잡초처럼 어느 날 곧 그렇게 떠나겠지만

오늘은 살아서
그로테스크한 폐허 속을 걸어 간다
그로테스크한 하루 속을 걸어 간다

포플라 나무 위 저 까치부부
왕들과 함께 산책중이다
무덤이 말한다
삶은 노루꼬리보다 짧은 여행이라고

오늘은 잠시
아름다운 푸른색 섬광이 빛나는 별에 와서
현실과 초현실의 경계를 걷는다
살아서 걷는 이 사소한 즐거움
삶은 아주 짧은 천국이라고

포플라 남무 위 저 까치 부부도
잘 안다
왕릉 옆 흰 구절초도
잘 안다.
―「여백―경주 대릉원에서」 전문

    화자는 죽음보다 살아 있음이 더 그로테스크하다고 말한다. 화자의 의미 안에는 이 장소와 이 시간에 처해있음이 무엇보다 낯설고 신기한 것이다. 무한 혹은 영원의 잠재성 안에 포함된 부분

집합 같은 이 공간(비장소성)은 우연과 공백으로 뒤엉켜 분리되지 않고 남은 '아주 짧은' 사건에 불과하다.

하지만 화자는 이런 공집합을 현시 불가능한 것으로 두지 않고 일자를 가로지름으로서의 공백, 그 텅 빈 슬픔을 타자에 의해 셈해지던 기존 질서에서 벗어나 주체의 개념으로 새롭게 단장한다. (여기서 화자의 주체는 슬픔의 효과로 대체 가능하다.) 그것은 죽음의 존재가 유한성 안에서 잠시 공제되는 위안 같은 것이다. 그렇기에 이제, "노루꼬리보다 짧은 여행" 같은 삶도 더 이상 비극의 원리로 두지 않는다. 오히려 "살아서 걷는 이 사소한 즐거움"이라고 명랑하게 언급한다. 화자의 시는 슬픔에 주눅 드는 대신 슬픔을 뚫고 "잘 있거라 눈 감아도 눈물 속에 환히 떠오르는 것들아 푸른 하늘아 봄날 아지랑이들아 쓸쓸했던 나날들 사랑했다 고마웠다 신록 같은 나의 천사들아"(「낯선 별」) 혹은 "모든 것이 물거품 같고 수수께끼 같고 눈물 같다 수수께끼 같아서 살아 볼 만한 오늘이고 내일은 분명히 오고, 오늘의 물소리는 오늘의 물소리다(「생, 이대로 굉장하다」)"에서처럼 곳곳에서 '괜찮아, 괜찮아'를 연발한다.

천 편에 가까운 화자의 시편들을 여러 날들을 재독하였다. 화자의 시적 이미지는 유한성의 균열을 무한성의 개방으로 돌리는 대신, 그 공백을 상실의 충실성을 담은 슬픔으로 승화시켰다. 그 슬픔은 읽는 내내 따스하고 명징한 위로였다.

4. 에필로그

> 來如來如來如(오라 오라 오라)
> 來如哀反多羅(슬프더라도 오라)
> 哀反多矣徒良(슬픔 가득 짊어진 사람들이여)
> ―『삼국유사』 의해(義解)편, 양지사석(良志使錫)조

위의 글은 김성춘 선생님의 산문집 『경주에 말을 걸다』(예술과 마을, 2017) 첫 장에 유려하게 펼쳐 놓았다.

슬픔은 존재다.
3행의 '슬픔 가득 짊어진 사람들이여(哀反多矣徒良)'를 반복하다 보면 왠지, '사람 가득 짊어진 슬픔이여'로 와 닿는다.
슬픔은 결코 하나로 위치되거나 환원되지 않는다. 이것은 공백의 다른 이름이기 때문이다.
시인은 슬픔의 공백을 보는 사람이다.

자전 연보(自傳 年譜)

<u>1942년</u>	부산 생
<u>1959년</u>	~1961, '부산사범학교' 졸업, 재학시 오규원 이수익 시인과 만남. 고교 재학시 오규원은 합창부, 이수익은 문예부, 김성춘은 밴드부였음.
<u>1961년</u>	부산사범학교 졸업, 금빛 모래 아름다운 낙동강 변 마을, 양산 원동초등 교사 첫 부임
<u>1962년</u>	양산초등 재직
<u>1963년</u>	~1966년 군 입대, 대구 육군군의학교 의무병과 하사 제대
<u>1970년</u>	울산 복산초등 재직
<u>1972년</u>	중등 음악교사 국가 검정고시 합격
	동화작가 강순아와 결혼
<u>1973년</u>	울산학성고등학교 음악 교사 부임, 취주악단 창단 지도
<u>1974년</u>	시 전문지《심상》에「바하를 들으며」외 4편으로 등단 (박목월 박남수 김종길 공동 선)
	아내 강순아,《조선일보》신춘문예와《매일신문》신춘문예 동화 당선
<u>1975년</u>	박목월 선생님의 권유로 동인지〈신감각〉동인 활동 시작함.

1979년	첫 시집 『방어진 시편』, 심상사 발간
1980년	어머니 타계, 울산여상 음악 교사, 창포합창단, 현악오케스트라 창단
1982년	제2시집 『흐르는 섬』, 문장사 발간
1983년	한국방송통신대학 행정학과 졸업
1985년	부산대 교육대학원 국어교육과 졸업(석사 논문, '김종삼 詩의 이미지 연구' 심사위원 김준오, 양왕용 교수)
1987년	제3시집 『섬 비망록』, 청하 발간 학성여자고교 음악 교사
1988년	~1992 울산 방어진 바닷가 울기등대 '경남 학생 수련원' 연구사 시작
1990년	제4시집, 『그러나 그것은 나의 삶』, 문학세계사 발간
1991년	제5시집 『그대 집은 늘 푸른 바다로 넉넉하다』, 빛남 발간, 울산시립예술단 운영위원
1992년	제6시집 『요즘엔 이상한 바다도 있다』, 빛남 발간
1995년	제7시집 『겨울 극락 앞에서』, 전망 발간
1997년	울산광역시 중등 음악과 장학사
1998년	~1999년 울산 학성여중 교감 부임
1999년	제8시집 『바다와의 동행』, 시와 반시 발간 제1회 울산문학상수상, 경상남도 문화상(문학부문) 수상

2000년	울산 서여자중학교 교장 부임
2002년	제9시집 『수평선에 전화 걸다』, 시와 반시 발간
	제2회 월간문학 동리상 수상(시 부문)
2003년	8월 울산 무룡고교 교장 퇴임, 43년간 교직 생활 마침 녹조근정훈장 받음
	제10시집 『비발디 풍으로 오는 달』, 모아드림 발간
2007년	9월 아들 지훈 결혼
2008년	4월 손녀 온유 태어남
2011년	제11시집 『물소리 천사』, 서정시학 발간
	제4회 바움문학상, 제12회 최계락문학상, 제16회 가톨릭문학상 수상
2012년	시선집, 『나는 가끔 빨간 입술이고 싶다』, 시와 반시 발간
2013년	제12시집 『온유』, 서정시학 발간, 세종도서 문학나눔 선정
2017년	첫 산문집 『경주에 말을 걸다』, 예술과 마을 발간
2019년	제13시집 『아무리 생각해도 먼 곳이 가까웠다』, 시와 반시 발간
2021년	제14시집 『길 위의 피아노』, 서정시학 발간
	제38회 한국펜문학상 본상 수상
2024년	등단 50주년 기념 시선집 『피아노를 치는 열 개의 바다』 만인사 발간

김성춘의 시로 작곡된 가곡들

- 「서생 배꽃」, 이수인 작곡(고향의 노래 작곡가)
- 「방어진 바다」(울산 칸타타 中), 이건용 작곡(한국예술종합대학총장)
- 「해변의 시」, 이강산 작곡
- 「치술령에서」, 윤성현 작곡(연세대 작곡과 교수)
- 「나는 아직도 바다를」, 이종우 작곡
- 「신불산 억새」, 이성민 작곡
- 「방어진 안개」, 최영섭 작곡(그리운 금강산 작곡가)
- 「우봉리에서」, 김준범 작곡
- 「가지산 물소리」, 정홍근 작곡
- 「파래소 폭포」, 우덕상 작곡
- 「간절곶 바다」, 우덕상 작곡
- 「대왕암 송림」, 최영철 작곡
- 「바람부는 날」, 김봉천 작곡
- 「소호리 느티나무」, 김광호 작곡
- 「고선사 탑」, 김동확 작곡(2009년, 작곡가)
- 「달을 듣다」, 김다미 작곡(2010년, 세일 한국 가곡 경연대회 2등 입상)
- 「파도, 방어진 바다, 달을 듣다」, 이건용 작곡(2016년, 제16회 대구 시립 합창단 발표)

1997년~현재

- 〈신감각〉, 〈절대시〉, 〈동해남부시〉, 〈잉여촌〉, 〈울산 수요시 포럼〉 동인 활동
- 울산대 사회교육원 시창작과 지도교수, 동국대학교 평생교육원 시 창작 출강, 동리목월 문예창작대학 교학처장, 계간지 《동리목월》 주간 역임
- 한국문협 울산지부장, 국제펜 한국본부 초대 울산지회장, 국제 펜 한국본부 경주지역 위원회 회장 역임
- 신라문화동인회, 경주발전협의회, 고청 윤경렬선생 기념사업회 이사, 경북신문 문학 칼럼 '시의 발견' 연재 중

만인21세기포엠아트 1
피아노를 치는 열 개의 바다

2024년 7월 20일 인쇄
2024년 7월 25일 발행

지은이 / 김 성 춘
펴낸이 / 박 진 환

펴낸 곳 / 만인사
출판등록 / 1996년 4월 20일 제03-01-306호
주소 / 700-813 대구광역시 중구 명륜로 116
전화 / (053)422-0550
팩스 / (053)426-9543
전자우편 / maninsa@daum.net
홈페이지 / www.maninsa.co.kr

ⓒ 김성춘, 2024

ISBN 978-89-6349-190-5 03810

값 20,000원

* 이 책의 내용 전부나 일부를 사용하려면 반드시 저작권자나 만인사 양측의 동의를 받아야 합니다.